DE LA

MESURE DU TEMPS

ET DESCRIPTION DE LA

MÉRIDIENNE VERTICALE PORTATIVE

DU TEMPS VRAI ET DU TEMPS MOYEN

POUR RÉGLER LES PENDULES ET LES MONTRES.

Admise à l'Exposition
des produits de l'industrie française de l'année 1827

ET EXÉCUTÉE

Par E.-F. IMBART,

ARCHITECTE

Professeur de Lavis et de Topographie à l'École militaire
de Saint-Cyr.

DEUXIÈME ÉDITION.

PARIS

MALLET-BACHELIER, IMPRIMEUR-LIBRAIRE

DU BUREAU DES LONGITUDES, DE L'ÉCOLE IMPÉRIALE POLYTECHNIQUE,

Quai des Augustins, 55.

1857

DE LA

MESURE DU TEMPS

ET DESCRIPTION DE LA

MÉRIDIENNE VERTICALE PORTATIVE

DU TEMPS VRAI ET DU TEMPS MOYEN

POUR RÉGLER LES PENDULES ET LES MONTRES.

Admise à l'Exposition
des produits de l'industrie française de l'année 1827

ET EXÉCUTÉE

Par E.-F. IMBART,

ARCHITECTE

Professeur de Lavis et de Topographie à l'Ecole militaire
de Saint-Cyr.

DEUXIÈME ÉDITION.

PARIS

MALLET-BACHELIER, IMPRIMEUR-LIBRAIRE

DU BUREAU DES LONGITUDES, DE L'ÉCOLE IMPÉRIALE POLYTECHNIQUE,

Quai des Augustins, 55.

1857

DE LA

MESURE DU TEMPS.

Les anciens peuples ne connurent pas l'horlogerie; ils faisaient usage de *clepsydres* (horloges d'eau), ou de *sabliers*, pour la mesure du temps.

Il est présumable que, pour mesurer le temps d'après la révolution journalière du soleil, on appelait *jour* le temps compris depuis son lever jusqu'à son coucher, et *nuit* depuis son coucher jusqu'à son lever. Mais les jours ainsi partagés se trouvaient bien plus longs en hiver qu'en été, et cette mesure du temps était défectueuse. On prit ensuite pour la mesure du temps l'intervalle qui s'écoule depuis l'instant de la plus grande élévation du soleil au-dessus de l'horizon, c'est-à-dire d'un *midi* jusqu'à celui de son retour au même point dans le ciel, à un autre *midi*; et comme on avait besoin de subdiviser cette durée de temps, depuis un midi jusqu'à un autre midi, on divisa cet espace en vingt-quatre parties ou heures. C'est sans doute à cette époque qu'on peut assigner l'invention et l'usage des *cadrans solaires* ou *gnomons*.

Ce n'est guère que de la fin du dixième siècle que date l'invention des premières horloges.

Au milieu du dix-septième siècle, on perfectionna beaucoup la construction des horloges; on en construisit de petites pour les appartements, et on imagina d'en faire de portatives auxquelles on a donné le nom de *montres*. C'est à cette époque que remonte l'origine du ressort spiral, dont l'action entretient le mouvement, et tient lieu des poids et des ressorts dont on fait usage pour les horloges.

Les pendules et les montres étant les machines dont on se sert pour mesurer le temps, on va indiquer les différentes sortes de temps qui servent à les régler.

Des différentes espèces de Temps et de l'année Civile et Sidérale.

Le mouvement du soleil, ou sa marche dans le ciel, est le moyen dont on se sert communément pour mesurer le temps, parce que ce mouvement est celui qu'on observe avec le plus de facilité. L'instant de chaque jour où le soleil est parvenu à sa plus grande hauteur dans le ciel, au-dessus de l'horizon, se nomme *midi.* Le temps qui s'écoule depuis le midi d'un jour au midi suivant est ce qu'on appelle *jour astronomique* ou *solaire* : sa durée se divise en vingt-quatre heures.

Le temps que le soleil emploie à achever une révolution entière dans le ciel est ce que nous nommons l'*année*, qui se divise en quatre parties ou *saisons* ; chaque saison se subdivise en trois parties ou *mois*, et chaque mois correspond à un des douze *signes* du *zodiaque*.

On distingue deux sortes d'années. La première, l'*année civile* ou *équinoxiale* : elle est déterminée par le retour du soleil au même équinoxe d'où il était parti ; cette année est de 365 jours 5 heures 48 minutes 51 secondes. L'autre *année* est la *sidérale* : elle est de 365 jours 6 heures 9 minutes 11 secondes, temps qu'il faut au soleil pour achever une révolution dans le ciel et pour revenir à la même étoile qu'il avait quittée à son point de départ (1). L'année *civile* est de 20′ 20″ plus courte que l'année *sidérale*; cela tient au mouvement propre du soleil, par lequel il avance d'occident en orient, tandis que le mouvement des étoiles est d'orient en occident (2).

(1) *Traité élémentaire d'Astronomie*, de Francœur.
(2) *Exposition du Système du monde*, par de Laplace.

Les astronomes commencent l'année à l'équinoxe du printemps ; l'année civile, au contraire, commence à peu près au solstice d'hiver, le 1er janvier, à minuit.

De l'Équation du Temps.

Pour peu qu'on ait donné quelque attention à la marche du soleil, on sait que sa hauteur à midi n'es- pas la même chaque jour ; qu'elle augmente jusqu'à un certain espace de temps, après lequel elle diminue pendant un autre espace de temps ; en sorte que, pendant le cours d'une année, le soleil s'approche et s'éloigne alternativement de l'un ou de l'autre pôle, mais sans jamais passer au delà d'une certaine limite.

Ce mouvement du soleil en *déclinaison* diminue donc continuellement d'un *équinoxe* au *solstice* suivant, et augmente au contraire depuis un *solstice* jusqu'à l'*équinoxe* d'après. Cette seule cause, indépendamment de l'inégalité du mouvement du soleil dans son orbite, doit rendre les jours inégaux ; car l'écliptique fait avec l'équateur un angle de vingt-trois degrés et demi : or, si l'on divise l'écliptique en parties égales, qui représentent le *chemin supposé uniforme du soleil chaque jour sur ce cercle*, et que par les pôles du monde on fasse passer des méridiens célestes, qui passent aussi par chacun des points de division de l'écliptique, les arcs de l'équateur compris entre ces méridiens ne seront point égaux entre eux, et ne correspondront pas avec les divisions de l'écliptique ; par conséquent la distance entre le moment où le soleil passe par un méridien et le moment du jour suivant où il retourne à ce même méridien, ne sera pas la même pour tous les jours de l'année : ainsi les jours ne sauraient être exactement de la même durée de temps, et cette différence est ce qui forme l'équation du temps, ou la distinction qu'on doit faire entre le *temps vrai* ou *apparent* et le *temps moyen* ou *égal*.

On a supposé dans ces explications, comme on le fait ordinairement pour rendre la chose plus intelligible, que le soleil avait un mouvement, tandis que c'est la terre qui se meut autour du soleil.

Du Temps moyen et du Temps vrai.

On appelle *temps vrai* ou *apparent* celui qui est donné par le soleil dans sa marche annuelle. Le *midi vrai* ou *apparent* est le moment du retour du soleil au même méridien, ou d'un midi à un autre midi, dans le même lieu.

Le *temps moyen* ou *égal* est celui qui serait donné par un soleil imaginaire, qui marcherait sur l'équateur, d'un mouvement uniforme. Le *midi moyen* ou *égal* serait le moment du passage du soleil *fictif*, par le méridien d'un même lieu ; et ce midi moyen arrive tantôt avant, tantôt après le midi vrai, selon que le soleil véritable se trouve plus ou moins avancé que l'autre sur l'équateur.

Dans le temps vrai, comme on l'a dit, les heures ne sont pas toujours de même durée ; dans le temps moyen, au contraire, les heures sont exactement de la même durée.

Une bonne pendule, bien réglée, marque le temps moyen, elle ne peut s'accorder avec la marche du soleil au midi vrai que quatre fois dans l'année, aux époques des équinoxes et des solstices; pendant tout le reste de l'année la pendule doit avancer ou retarder sur le soleil. Les tables d'équation indiquent cette différence, pour tous les jours de l'année.

Le retour du soleil au même méridien donne tous les jours le midi vrai ; mais l'intervalle d'un midi vrai à un autre midi vrai variant sans cesse, le midi moyen, qui arrive toujours à des intervalles égaux, doit avancer ou retarder sur le moment du midi vrai : ainsi la courbe destinée à indiquer le midi moyen doit se trouver en partie à droite et en partie à gauche de la méridienne du temps vrai ; ces deux sortes de temps ne s'accordant que quatre fois dans l'année, la méridienne du temps moyen ne doit aussi rencontrer l'autre qu'en quatre points, et s'en écarter plus ou moins à droite et à gauche, ce qui donne la figure d'un 8 allongé à la méridienne du temps moyen. La différence qu'il y a entre ces deux midis est ce qui fait l'équation du temps.

Le jour *civil* ou *solaire* se compte à partir de minuit, passage du soleil au méridien inférieur ; il se divise en 24 heures, qu'on partage en deux durées, chacune de 12 heures, l'une qui commence à midi et finit à minuit, et l'autre qui commence à minuit et finit à midi. L'heure se divise en 60 *minutes*, la minute en 60 *secondes*, et la seconde en 60 *tierces*. C'est la même division pour les jours du temps moyen.

Les astronomes comptent les heures de 0 à 24, à partir de midi, pour le jour sidéral ou astronomique.

Les horloges publiques, dans les principales villes

de l'empire, étant maintenant réglées au temps moyen, il est nécessaire que les pendules et les montres soient aussi réglées d'après ce mode, sans être obligé de recourir aux tables d'équation pour avoir la différence; et comme nous n'avons encore que fort peu de méridiennes du *temps moyen* tracées sur nos édifices publics, l'auteur de cette Notice a cru se rendre utile en établissant des *méridiennes verticales* d'une dimension qui en fasse pour ainsi dire un instrument d'observation, tel que nos baromètres, afin qu'étant placées convenablement, elles puissent donner l'heure du temps vrai et le *midi du temps moyen* avec assez d'exactitude pour les usages civils.

DE LA

MÉRIDIENNE VERTICALE PORTATIVE

ET MOYEN DE S'EN SERVIR.

La dimension donnée à cet instrument a pour but de le rendre facile à *décliner*, c'est-à-dire à le faire mouvoir verticalement, soit à droite, soit à gauche, lorsqu'il est accroché, pour le mettre bien en face du midi.

Pour faire usage de cette méridienne verticale, il faut l'accrocher à un gond fixé dans l'embrasure d'une croisée, sur le montant d'un chambranle de porte, sur un mur, enfin sur une surface quelconque exposée au midi, en lui donnant une position perpendiculaire à l'aide du fil à plomb qu'on a eu soin d'y placer; ensuite, au moyen des quatre vis de rappel qui sont aux angles de l'instrument, on le fait mouvoir à droite ou à gauche, en dirigeant sa surface au midi, et toujours d'aplomb.

On peut, avec une boussole, fixer la surface de la méridienne *bien au midi*, en tenant compte de la déclinaison de l'aiguille aimantée; mais comme cette déclinaison varie, si l'on ne la connaît pas (1), on peut se servir d'une bonne montre ordinaire ou à secondes, qu'on règle sur un cadran solaire du voisinage, ou sur une bonne pendule, à onze heures, onze heures et demie, ou onze heures trois quarts du *temps vrai*; ensuite *on fait mouvoir la méridienne verticalement, à l'aide des vis de rappel*, de manière que les rayons solaires qui passent par le trou de la plaque du style tombent bien juste sur la ligne des heures corres-

(1) On peut consulter l'*Annuaire du Bureau des Longitudes*, qui la donne chaque année. Cette déclinaison était de 22° 20′ ouest pour l'année 1827.

pondante à celle que la montre indique aussi : on répète plusieurs jours de suite ces essais.

Il est bien important que la méridienne soit solidement assujettie contre le mur où elle est placée, qu'elle conserve *sa direction exacte au midi, et que sa surface soit toujours bien d'aplomb.* On doit donc serrer les contre-écrous qui sont à chaque vis, pour éviter jusqu'au moindre dérangement dans sa déclinaison ; car autrement on conçoit qu'elle indiquerait le midi, ainsi que les heures, d'une manière inexacte. Un crochet est disposé au bas de la méridienne portative pour la maintenir, en l'agrafant à un piton que l'on enfonce dans le mur à la hauteur convenable.

Si on voulait obtenir la plus rigoureuse exactitude dans la pose de cette méridienne verticale, on disposerait en dessous, sur le sol, un petit massif en plâtre, ou simplement une dalle bien dressée où serait fixé un style, et on tracerait sur cette dalle, à l'époque convenable, une méridienne horizontale du temps vrai, qui servirait à placer définitivement *la méridienne verticale au midi vrai,* et on la scellerait après. Nous donnons à la fin de cette Notice le moyen de tracer une méridienne horizontale sur une surface plane.

Usage de la Méridienne verticale.

Comme le style de la méridienne verticale portative pourrait, dans le transport ou par toute autre cause, se déranger de la position perpendiculaire qu'il doit toujours avoir sur la surface de la méridienne, il est bon de la vérifier avec un niveau, en la plaçant horizontalement, et on abaisse un fil à plomb par le trou du style qui doit tomber juste sur la ligne du midi vrai.

Comme il y a des styles qui se ploient et se rabattent, on doit avoir soin, en les relevant, de bien faire entrer l'*arrêt à coulisse* qui les fixe, dans la position verticale qu'ils doivent toujours avoir; ces styles ont aussi la plaque qui sert au passage des rayons solaires, mobile sur un axe; cette plaque s'incline en dessus dans l'hiver et en dessous dans l'été, afin que les rayons solaires soient toujours perpendiculaires à sa surface; par ce moyen le point lumineux sur la méridienne est toujours bien visible.

Les heures du temps vrai sont tracées sur la méridienne verticale, ainsi que *le midi du temps moyen;* le midi du temps moyen se prend toujours *sur la courbe en forme d'un 8 allongé,* qui serpente autour de la méridienne du temps vrai : plus cette ligne courbe, comme nous l'avons déjà dit, s'éloigne à droite ou à gauche de la perpendiculaire tracée au milieu de l'instrument, qui est la méridienne du temps vrai, plus l'équation du temps est considérable en avance ou en retard.

Pour prendre *le midi du temps moyen*, il faut chercher sur l'instrument le mois où l'on se trouve ; et observer l'instant où les rayons solaires, après avoir traversé le trou de la plaque du style, tombent *sur la courbe du temps moyen* : et ce point est avant le midi du temps vrai, si le temps moyen avance à cette époque ; ou après le midi du temps vrai, si le temps moyen retarde. La marche du soleil sur cette courbe, relativement au spectateur placé en face de l'instrument, se fait de droite à gauche, en partant du point le plus élevé du 22 décembre. En suivant les indications des mois et des dates qui sont gravées à côté de la courbe, on pourra sans peine prendre tous les jours le midi moyen. On peut consulter la gravure jointe à cette Notice, où les deux méridiennes sont tracées avec l'indication des mois, comme étant d'un usage plus facile et surtout plus à la portée de tout le monde, que les signes seuls du zodiaque.

Il arrive souvent, et surtout dans la mauvaise saison, que le soleil ne paraît pas à l'instant précis du *midi moyen*; par conséquent l'usage de cette méridienne ne pourrait pas avoir lieu à cet instant : on peut y suppléer en prenant l'*heure vraie de* 11 *heures à* 1 *heure*, que l'on convertit en *temps moyen*, en ajoutant ou en soustrayant à cette heure observée le nombre de minutes indiqué par la table d'équation, pour le jour du mois où l'on se trouve.

Nous donnerons à cet effet des tables d'équation, où l'avance et le retard du temps moyen sont indiqués pour tous les jours de l'année.

Moyen pour tracer une Méridienne sur un plan horizontal.

Pour tracer une *méridienne horizontale*, on emploie indifféremment une dalle en pierre, une plaque de marbre ou de métal, ou toute autre surface bien lane, qu'on dispose horizontalement sur un socle ou sur un massif en maçonnerie.

On fixe sur cette dalle un style, dont la hauteur égale le quart de la longueur de la surface de la dalle où on veut tracer la ligne méridienne. Ce style, surmonté d'une plaque horizontale percée d'un trou rond, de 1 à 2 lignes au plus, doit être placé verticalement sur la dalle, et à 3 à 4 pouces du bord qui fait face au midi, de manière que le côté du style où est la plaque percée soit en face du nord.

Les époques les plus convenables pour tracer une méridienne sont du 23 au 26 décembre, ou du 14 au 17 juin, ou enfin du 30 août au 2 septembre ; c'est de 10 heures du matin à 2 heures après midi, et par un beau jour, qu'il faut procéder à ce travail; plus matin, l'air n'est pas assez pur, et la réfraction que les rayons solaires éprouvent induirait en erreur, car c'est à peu près à midi, lorsque le soleil est le plus élevé au-dessus de l'horizon, que la réfraction est nulle. Du trou de la plaque du style et bien par le centre, on abaisse un fil à plomb, pour avoir le point correspondant *c* sur la surface de la dalle (voyez la planche, fig. 2), qu'on marque par une croix avec un crayon. A environ 10 heures du matin on trace sur la dalle le point lumineux des rayons solaires qui, après avoir traversé le trou de la plaque du style, tombent sur la surface de la dalle qu'on marque au point *a*; et avec un compas, du point *c* comme centre, on décrit l'arc de cercle *ab*; à 10 heures et demie, ou plus tard, on peut tracer un nouveau point et décrire un autre arc de cercle, toujours du point *c*. On peut ainsi obtenir un certain nombre de points qui se trouvent tous sur des arcs de cercles différents; ensuite on observe, après midi, le moment précis où les points lumineux des rayons solaires qui traversent la plaque du style, touchent les différents arcs de cercles qu'on a tracés sur la dalle ; on marque bien exactement ces points. Tous les points donnés par le soleil avant et après midi étant tracés sur les arcs de cercles, soit *b* le point obtenu sur l'arc *ab* ; du point *a* comme centre, et avec l'ouverture de compas *ab*, on trace l'arc *de* ; du point *b*, avec la même ouverture de compas, on trace aussi l'arc *de*, qui donne les points d'intersection *d*, *e* ; par les points *d*, *e*, on trace avec une règle la ligne droite *hi*, qui doit passer aussi par le point *c*. Si on avait obtenu d'autres points, tels que *f*, *g*, on ferait sur ces points la même opération qu'on vient de décrire pour les points *a*, *b* ; et les intersections *k*, *l*, seraient aussi sur la ligne *hi* ; tous les autres points, si on les a tracés avec exactitude, *pris de deux en deux sur le même arc de cercle, et le même jour*, doivent donner leurs intersections sur la même ligne *hi*, *qui est la ligne méridienne du temps vrai :* on fait observer que cette ligne doit toujours passer par le point *c*, centre du style.

Pour mettre la méridenne portative dans le plan de cette méridienne horizontale, on l'accroche en dessus, et l'ayant bien mise d'aplomb , on abaisse le fil à plomb *a* (fig. 3) de la méridienne verticale sur la ligne méridionale horizontale, de manière que le fil à plomb tombe juste dessus. On abaisse aussi un autre fil à plomb par le trou du style de la méridienne verticale : ce fil à plomb *b* doit tomber aussi sur la méridienne horizontale ; s'il ne tombait pas exactement dessus, on ferait mouvoir les vis de rappel pour obtenir ce résultat.

Si la méridienne verticale se trouve placée à une distance quelconque de l'horizontale, on peut la décliner à l'aide des vis de rappel, en la disposant de telle sorte qu'elle indique *le midi vrai* au même instant que la méridienne horizontale l'indique aussi. C'est à l'instant du midi vrai que cette opération doit se faire pour être certain de sa justesse. Il est aussi de la plus grande importance que la méridienne verticale soit bien d'aplomb.

Les tables d'équation du temps, que nous donnons ci-après, sont dressées pour une année non bissextile, ce qui est suffisant pour les usages ordinaires. Ces tables donnent l'avance et le retard du *midi du temps moyen* sur le *midi du temps vrai*. Si l'on voulait avoir une plus grande exactitude pour l'équation du temps, il faudrait chaque année consulter l'*Annuaire* que publie le Bureau des Longitudes (1).

(1) Chez Mallet-Bachelier, libraire, quai des Augustins, 55.

Le midi du temps moyen avance sur le midi vrai.

DÉCEMBRE.			JANVIER.			FÉVRIER.			MARS.			AVRIL.		
Dates du mois.	Minutes.	Secondes.	Dates du mois.	Minutes.	Secondes.	Dates du mois.	Minutes.	Secondes.	Dates du mois.	Minutes.	Secondes.	Dates du mois.	Minutes.	Secondes.
			1	3	43	1	13	54	1	12	45	1	4	9
			2	4	11	2	14	2	2	12	33	2	3	51
			3	4	40	3	14	9	3	12	20	3	3	32
			4	5	7	4	14	15	4	12	7	4	3	14
			5	5	34	5	14	21	5	11	54	5	2	57
			6	6	1	6	14	25	6	11	40	6	2	39
			7	6	28	7	14	29	7	11	26	7	2	21
			8	6	53	8	14	32	8	11	11	8	2	4
			9	7	19	9	14	34	9	10	56	9	1	47
			10	7	43	10	14	35	10	10	40	10	1	30
			11	8	8	11	14	35	11	10	24	11	1	13
			12	8	31	12	14	35	12	10	8	12	0	57
			13	8	54	13	14	34	13	9	52	13	0	41
			14	9	16	14	14	32	14	9	35	14	0	25
			15	9	38	15	14	30	15	9	18	15	0	10
			16	9	59	16	14	26	16	9	0			
			17	10	19	17	14	22	17	8	43			
			18	10	39	18	14	18	18	8	25			
			19	10	58	19	14	12	19	8	7			
			20	11	16	20	14	6	20	7	49			
			21	11	34	21	14	0	21	7	31			
			22	11	50	22	13	52	22	7	13			
			23	12	6	23	13	44	23	6	54			
			24	12	21	24	13	36	24	6	36			
25	0	10	25	12	36	25	13	27	25	6	18			
26	0	40	26	12	50	26	13	17	26	5	59			
27	1	9	27	13	2	27	13	7	27	5	41			
28	1	39	28	13	14	28	12	56	28	5	23			
29	2	8	29	13	26				29	5	4			
30	2	38	30	13	36				30	4	45			
31	3	7	31	13	46				31	4	27			

Le midi moyen retarde sur le midi vrai.

AVRIL.			MAI.			JUIN.		
Dates du mois.	Minutes.	Secondes.	Dates du mois.	Minutes.	Secondes.	Dates du mois.	Minutes.	Secondes.
			1	2	59	1	2	39
			2	3	6	2	2	30
			3	3	14	3	2	20
			4	3	20	4	2	11
			5	3	26	5	2	1
			6	3	32	6	1	51
			7	3	37	7	1	40
			8	3	41	8	1	29
			9	3	45	9	1	18
			10	3	48	10	1	7
			11	3	51	11	0	55
			12	3	53	12	0	43
			13	3	55	13	0	31
			14	3	56	14	0	19
			15	3	56	15	0	6
16	0	5	16	3	56			
17	0	20	17	3	55			
18	0	34	18	3	54			
19	0	48	19	3	52			
20	1	2	20	3	49			
21	1	15	21	3	46			
22	1	27	22	3	43			
23	1	39	23	3	39			
24	1	51	24	3	34			
25	2	2	25	3	29			
26	2	13	26	3	23			
27	2	23	27	3	17			
28	2	33	28	3	10			
29	2	42	29	3	3			
30	2	51	30	2	55			
			31	2	47			

Le midi moyen avance sur le midi vrai.

JUIN.			JUILLET.			AOUT.			SEPTEMBRE.		
Dates du mois.	Minutes.	Secondes.	Dates du mois.	Minutes.	Secondes.	Dates du mois.	Minutes.	Secondes.	Dates du mois.	Minutes.	Secondes.
			1	3	17	1	6	1	1	0	1
			2	3	29	2	5	58			
			3	3	40	3	5	54			
			4	3	51	4	5	49			
			5	4	2	5	5	43			
			6	4	12	6	5	38			
			7	4	22	7	5	31			
			8	4	32	8	5	24			
			9	4	41	9	5	16			
			10	4	50	10	5	8			
			11	4	59	11	4	59			
			12	5	7	12	4	50			
			13	5	14	13	4	40			
			14	5	22	14	4	30			
			15	5	28	15	4	19			
16	0	6	16	5	35	16	4	7			
17	0	19	17	5	40	17	3	55			
18	0	32	18	5	46	18	3	43			
19	0	45	19	5	50	19	3	30			
20	0	58	20	5	55	20	3	16			
21	1	11	21	5	58	21	3	3			
22	1	24	22	6	2	22	2	48			
23	1	37	23	6	4	23	2	33			
24	1	50	24	6	6	24	2	18			
25	2	3	25	6	8	25	2	2			
26	2	16	26	6	9	26	1	46			
27	2	29	27	6	9	27	1	30			
28	2	41	28	6	8	28	1	13			
29	2	53	29	6	8	29	0	56			
30	3	5	30	6	6	30	0	38			
			31	6	4	31	0	20			

Le midi moyen retarde sur le midi vrai.

SEPTEMBRE.			OCTOBRE.			NOVEMBRE.			DÉCEMBRE.		
Dates du mois.	Minutes.	Secondes.	Dates du mois.	Minutes.	Secondes.	Dates du mois.	Minutes.	Secondes.	Dates du mois.	Minutes.	Secondes.
			1	10	9	1	16	14	1	10	54
2	0	17	2	10	28	2	16	16	2	10	32
3	0	36	3	10	46	3	16	16	3	10	8
4	0	56	4	11	5	4	16	16	4	9	45
5	1	15	5	11	23	5	16	15	5	9	20
6	1	35	6	11	41	6	16	13	6	8	55
7	1	55	7	11	58	7	16	10	7	8	30
8	2	16	8	12	15	8	16	7	8	8	4
9	2	36	9	12	32	9	16	2	9	7	37
10	2	56	10	12	48	10	15	57	10	7	10
11	3	17	11	13	4	11	15	51	11	6	43
12	3	38	12	13	19	12	15	44	12	6	15
13	3	59	13	13	34	13	15	36	13	5	46
14	4	20	14	13	48	14	15	27	14	5	18
15	4	41	15	14	1	15	15	18	15	4	49
16	5	2	16	14	14	16	15	7	16	4	20
17	5	23	17	14	27	17	14	56	17	3	50
18	5	44	18	14	39	18	14	44	18	3	21
19	6	5	19	14	50	19	14	31	19	2	51
20	6	26	20	15	0	20	14	17	20	2	21
21	6	47	21	15	10	21	14	2	21	1	51
22	7	7	22	15	20	22	13	47	22	1	20
23	7	28	23	15	28	23	13	30	23	0	50
24	7	49	24	15	36	24	13	13	24	0	20
25	8	9	25	15	44	25	12	56			
26	8	30	26	15	50	26	12	37			
27	8	50	27	15	56	27	12	18			
28	9	10	28	16	1	28	11	58			
29	9	30	29	16	5	29	11	37			
30	9	49	30	16	9	30	11	16			
			31	16	12						

Instruction pour prendre le midi du Temps moyen.

Le midi du temps moyen ne se prend que sur la courbe en forme de 8 allongé, et dans la partie de cette courbe où le mois est indiqué; ainsi, si l'on veut avoir le midi du temps moyen dans le mois d'octobre, c'est dans l'espace de cette courbe où le point lumineux que traverse la plaque du style l'indiquera en tombant juste dessus la ligne courbe; ce point, qui varie tous les jours comme le mouvement du soleil, suit la direction suivante :

Du 22 décembre au 1er janvier, 11 février, 1er mars et 16 avril, en descendant; et du 16 avril, 15 mai, 16 juin, en descendant encore, mais du côté droit; puis remontant du côté gauche, du 22 juin, 28 juillet, 1er août au 1er septembre; et enfin, remontant à droite, du 1er septembre, 1er octobre, 3 novembre et 22 décembre.

Paris.—Imprimerie de Mallet-Bachelier, rue du Jardinet, 12.

MÉRIDIENNE VERTICALE DU TEMPS VRAI,
ET COURBE OU MÉRIDIENNE DU TEMPS MOYEN.

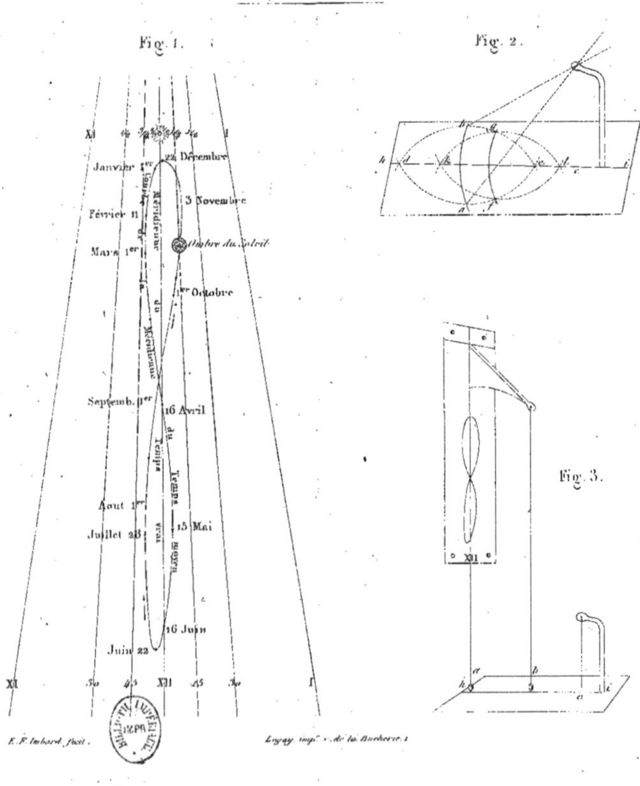

EXTRAIT DU CATALOGUE GÉNÉRAL

DE

MALLET-BACHELIER,

IMPRIMEUR-LIBRAIRE,

Quai des Augustins, 55.

Le Catalogue général est envoyé aux personnes qui en font la demande par lettre affranchie.

En envoyant à M. Mallet-Bachelier un mandat sur la Poste, les Ouvrages seront adressés *franco* dans toute la France.

ALLIX, Lieutenant général. — **Théorie de l'Univers**, ou de la Cause primitive du Mouvement et de ses principaux effets. 2e éd. in-8; 1818 .... 5 fr.

AMADIEU. — **Notions élémentaires de Géométrie descriptive** exigées pour l'admission aux diverses écoles du Gouvernement. In-8; 1838 .... 2 fr. 50 c.

AMADIEU. — **Notions élémentaires d'Algèbre** exigées pour l'admission aux Ecoles Navale, de Saint-Cyr et Forestière. 2e édit.; 1848 .... 3 fr.

AMPÈRE. — **Description d'un Appareil Électro-Dynamique.** In-8 .... 1 fr. 50 c.

AMPÈRE, de l'Académie des Sciences. — **Essai sur la Philosophie des Sciences**, ou Exposition analytique d'une classification naturelle de toutes les connaissances humaines, etc. 2 vol. in-8; 1843 et 1857 .... 10 fr.

Le Tome 1er se vend séparément .... 5 fr.

ANNALES DE L'OBSERVATOIRE IMPÉRIAL DE PARIS, publiées par M. *Le Verrier*. In-4. 1855-1856, tome 1er et 2e .... 54 fr.

Chaque volume se vend séparément .... 27 fr.

Il a été tiré quelques exemplaires sur cavalier vélin double; le prix de chaque volume est .... 40 fr.

Le 3e volume est *sous presse*.

ANNUAIRE POUR L'AN 1857, publié par le **Bureau des Longitudes.** In-18 .... 1 fr.

ATLAS DES ANNALES DE L'OBSERVATOIRE IMPÉRIAL DE PARIS. 1re et IIe **Livraisons**, comprenant **12 Cartes écliptiques**, construites par M. *Chacornac*, astronome à l'Observatoire de Paris.

Chaque livraison se vend séparément......... 12 fr.

OBSERVATIONS MÉTÉOROLOGIQUES FAITES A L'OBSERVATOIRE IMPÉRIAL DE PARIS pendant les années 1854 et 1855. In-4. 3 fr. 50 c.

— **Pendant 1856** .... 2 fr.

ARAGO (F.), Secrétaire perpétuel de l'Académie des Sciences. — **Œuvres complètes.** 14 vol. in 8... 90 fr.

Chaque volume se vend séparément...... 7 fr. 50 c.

En vente :

Tomes I, II et III (**Notices biographiques**).
Tomes I, II et III (**Notices scientifiques**).
Tomes I, II et III (**Astronomie populaire**)

ARAGO (F.). — **Sur l'ancienne École Polytechnique.** In 8 .... 50 c.

ARAGO (F.). — **Biographie de Jean-Sylvain Bailly**, Astronome de l'ancienne Académie des Sciences, Membre de l'Académie française et de l'Academie des Inscriptions et Belles-Lettres, premier Président de l'Assemblée constituante, premier Maire de Paris, etc. In-18; 1853. 50 c.

ARAGO (F.). — **Analyse de la vie et des travaux de sir William Herschel.** In-8 .... 2 fr.

ARCHIMÈDE (OEuvres d'); traduction littérale et complète, par M. *Peyrard*, professeur de Mathématiques et d'Astronomie. In-4 (Au lieu de 42 fr., prix primitif). 20 fr.

Les mêmes, 2 v. in-8. (Au lieu de 24 fr. prix prim.). 12 f. (Il reste peu d'exemplaires de ce format.)

BABINET, membre de l'Institut. — **Études et Lectures sur les Sciences d'observation, et leurs applications pratiques.** In-12 sur papier fin.

Chaque volume se vend séparément...... 2 fr. 50 c.

Le 1er volume contient : *sur les Mouvements extraordinaires de la mer*, — *les Comètes au* XIXe *siècle*, — *la Télégraphie électrique*, — *l'Astronomie en* 1852 *et* 1853, — *Astronomie descriptive, — la Perspective aérienne, — le Stéréoscope et la vision binoculaire. — Voyage dans le Ciel.*

Le 2e volume contient : *les Tables tournantes et les manifestations prétendues surnaturelles, — l'Électricité ouvrière, — la Sibérie et les climats du Nord, — Influence des Courants de la mer sur les climats, — sur les Tremblements de terre et sur la constitution intérieure du globe, — Bulletin de l'Astronomie et des Sciences pour* 1853 *et* 1854, — *de l'Arrosement du globe, — des Tables tournantes au point de vue de la Mécanique et de la Physiologie, — la Météorologie en* 1854 *et ses progrès futurs.*

Le 3e volume contient : *du Diamant et des Pierres précieuses, — des Phares et de la Lumière artificielle, — Physique du globe, — Quillebœuf, — la Méditerranée, — de la Pluralité des mondes.*

Le 4e volume sera publié en juillet 1857.

BARRESWIL et DAVANNE. — Chimie photographique, contenant les éléments de Chimie expliqués par les manipulations photographiques. — Les procédés de Photographie sur plaque, sur papier sec ou humide, sur verres au collodion et à l'albumine. — La manière de préparer soi-même, d'employer tous les réactifs et d'utiliser les résidus. — Les recettes les plus nouvelles et les derniers perfectionnements. — La Gravure et la Lithophotographie. 2e édit. In-8 avec figures dans le texte, imprimé sur carré fin. (*Sous presse.*)

BENOIT (P.-M.-N.), ingénieur civil, ancien élève de l'École Polytechnique, l'un des cinq fondateurs de l'École centrale des Arts et Manufactures. — **La Règle à Calcul expliquée, ou Guide du Calculateur à l'aide de la Règle logarithmique à tiroir,** dans lequel on indique le moyen de construire cet instrument, et l'on enseigne à y opérer toutes sortes de calculs numériques. Fort vol. in-12, avec pl.; 1853 .... 5 fr.

BERTHOUD. — Œuvres complètes sur l'Horlogerie. 10 vol in-4.................................. 160 fr.

Chaque Traité se vend séparément. (Voir le *Catalogue général.*)

BEZOUT. — Traité d'Arithmétique, à l'usage de la Marine et de l'Artillerie; avec Notes du baron *Reynaud.* 21e édition, in-8.......................... 3 fr. 50 c.

BEZOUT pur. — **Traité d'Arithmétique,** à l'usage de la Marine et de l'Artillerie. 21e édition, in-8 ; 1854. 2 fr.

— **Le même,** suivi des Tables des Poids et Mesures et des Tables de Logarithmes depuis **1** jusqu'à **10 000.** 2 fr. 50 c.

BEZOUT. — **Cours de Géométrie,** contenant la **Géométrie,** la **Trigonométrie rectiligne** et la **Trigonométrie sphérique**; avec des Notes sur les **Éléments de Géométrie descriptive** et des **Problèmes.** Avec 22 planches. 7 fr. 50 c.

Géométrie pure, avec 7 planches....... 4 fr. » c.

Les **Notes,** avec 15 planches............ 4 fr. 50 c.

BEZOUT. — **Éléments de Géométrie,** suivis de la **Géométrie démontrée plus rigoureusement**; par *Peyrard.* 7e édit.; in-8, avec pl.; 1832.................. 7 fr.

BIOT et **ARAGO.** — **Recueil d'Observations géodésiques, astronomiques et physiques,** exécutées par ordre du Bureau des Longitudes, en Espagne, en France, en Angleterre et en Écosse, etc.; ouvrage faisant suite au tome troisième de la **Base du Système métrique.** In-4, avec figures; 1821.......................... 21 fr.

BIOT, membre de l'Institut. — **Traité élémentaire d'Astronomie physique.** 3e édit., entièrement refondue et considérablement augmentée; 5 vol. in-8; avec Atlas de 94 planches.......................... 65 fr.

BLUM (A.). — **Collection de Tableaux polytechniques, Aide-Mémoire et Résumés scientifiques,** publiée sous sa direction.

TABLEAUX EN VENTE.

Résumé d'**Arithmétique,** par M. *A. Blum,* 1 feuille.

— de **Géométrie élémentaire** (2 tableaux), par M. *A. Blum,* 2 feuilles, avec figures.

Résumé d'**Algèbre** (1er, 2e tableaux), par M. *A. Blum*, 2 feuilles.

— d'**Algèbre** (3e, 4e et 5e tableaux, contenant la Théorie générale des Equations), par M. *Ossian Bonnet*, ancien élève de l'Ecole Polytechnique.

— de **Trigonométrie rectiligne**, par M. *A. Blum*, 1 feuille in-plano, avec figures.

— de **Géométrie descriptive** (1er tableau), par M. *Bertaux-Levillain*, ancien élève de l'Ecole Polytechnique; 1 feuille, avec figures.

— de **Statique**, par M. *Hervé-Mangon*, ancien élève de l'Ecole Polytechnique et ingénieur des Ponts et Chaussées; 1 feuille, avec figures.

— de **Physique de l'Ecole Polytechnique**, (1er et 2e tableaux), par M. *Cabart*, répétiteur à ladite Ecole; 2 feuilles, avec figures.

— de **Chimie** (1er, 2e et 3e tableaux), par M. *Dézé*, ancien élève de l'Ecole Polytechnique, répétiteur à l'Ecole spéciale militaire de Saint-Cyr; 3 feuilles, avec figures.

— de **Calcul différentiel**, par M. *Serret*, ancien élève de l'Ecole Polytechnique.

— de l'**Éclairage au gaz**, par M. *Santin*, ingénieur, ancien élève de l'Ecole des Mines.

Questions choisies de **Mathématiques élémentaires**, par M. *Guilmin*, ancien élève de l'Ecole Normale, professeur.

— de **Géométrie analytique**, par M. *Cabart*.

Questions choisies de **Mathématiques spéciales**, avec les réponses (1er tableau), par M. *Ch. Roguet*, professeur de Mathématiques.

Chaque tableau en feuilles in-plano........ » fr. 80 c.
— plié en un carton in-8....... 1 »

Tirage grand in-8 formant Memento pour les différents candidats :

Élémentaires .... 5 fr. 50 c.
Spéciales.................... 8 50

La Collection des tableaux parus formant l'*Atlas Polytechnique*, cartonné in-folio........................ 20 fr.

BOILEAU (P.), professeur de Mécanique appliquée à l'École impériale d'application de l'Artillerie et du Génie. — **Traité de la Mesure des Eaux courantes.** In-4, avec 7 planches ; 1854............................. 20 fr.

BORGNIS. — **Œuvres complètes**................ 150 fr.

BOUCHARLAT (J.-L.), professeur de Mathématiques transcendantes aux Écoles militaires. — **Théorie des Courbes et des Surfaces du second ordre, ou Traité complet d'application de l'Algèbre à la Géométrie.** 3e édition, revue, corrigée et augmentée de **Notes et des principes de la Trigonométrie rectiligne.** In-8, avec planches ; 1845........................... 8 fr.

BOUCHARLAT. — **Calcul différentiel et intégral.** In-8; 1852.. 8 fr.

BOURDON, ancien Examinateur d'admission à l'École Polytechnique. — **Éléments d'Arithmétique.** 30e édit., rédigée conformément aux nouveaux Programmes de l'enseignement dans les Lycées ; in-8; 1857. (*Adopté par l'Université.*)...................................... 4 fr.

BOURDON. — **Éléments d'Algèbre.** 11e édition; revue, avec des notes en rapport avec les nouveaux *Programmes*. In-8; 1856. (*Adopté par l'Université*)............ 8 fr.

BOURDON. — **Application de l'Algèbre à la Géométrie**, comprenant la Géométrie analytique à deux et à trois dimensions. 5e édit., revue, corrigée et considérablement augmentée; fort volume in-8, avec pl. ; 1854. (*Adopté par l'Université*)........................ 7 fr. 50 c.

BOURDON — **Trigonométrie rectiligne et sphérique**, rédigée conformément aux nouveaux *Programmes* de l'enseignement dans les Lycées. In-8, avec figures dans le texte ; 1854. (*Adopté par l'Université.*)......... 3 fr.

BOURGEOIS et **CABART**, anciens élèves de l'École Polytechnique, professeurs au Collége Stanislas. — **Leçons nouvelles sur les Applications pratiques de la Géométrie et de la Trigonométrie**, à l'usage des *Candidats au Baccalauréat ès Sciences et à l'École Polytechnique.* 2e édition; in-8, avec 5 planches; 1857...... 3 fr. 50 c.

BOUSSINGAULT, membre de l'Institut. — **Mémoires de Chimie agricole et de Physiologie.** In-8 avec planches; 1854.. 7 fr.

BRESSE, ingénieur des Ponts et Chaussées, répétiteur de mécanique aux Écoles impériales Polytechnique et des Ponts et Chaussées. — **Recherches analytiques sur la flexion et la résistance des pièces courbes**, accompagnées de Tables numériques pour calculer la poussée des arcs chargés de poids d'une manière quelconque, et leur pression maximum sous une charge uniformément répartie. In 4, avec planches; 1854.................. 15 fr.

BRESSE. — **Mémoire sur un Théorème nouveau, concernant les mouvements plans, et sur l'application de la Cinématique à la détermination du rayon de courbure.** In-4; 1853 .... 3 fr.

BRESSON (J.). — **De la Liquidation des marchés à terme à la Bourse de Paris**, avec un aperçu sur les fonds publics anglais. In-12; 1826.................. 2 fr.

BRESSON. — **Traité élémentaire de Mécanique appliquée aux Sciences physiques et aux Arts.** — **Mécanique des corps solides.** In-4, et atlas de 18 planches doubles; 1842.................................. 20 fr.

BRIOSCHI (F.), professeur de Mathématiques à l'Université de Pavie. — **Théorie des Déterminants et leurs principales applications**; traduit de l'italien par M. *E. Combescure*, professeur de Mathématiques. In-8; 1856. 5 fr.

BRUNEAU, avocat. — **Histoire des Houillères du Nord et du Pas-de-Calais**; comprenant l'origine, l'organisation, le développement des exploitations, l'indication des valeurs des actions, précédée d'un exposé de la législation en matière de mines. 3 vol. in-8, avec une Carte à l'échelle du Dépôt de la Guerre.......... 20 fr.

BUREAU DES LONGITUDES DE FRANCE.

Observations astronomiques faites à l'Observatoire de Paris, publiées par le Bureau des Longitudes. In-folio, tome Ier; années 1810 à 1819 .... 50 fr.

Tome II; années 1820 à 1828 .... 50 fr.

Observations astronomiques faites à l'Observatoire de Paris. 10 vol. in-fol. reliés. (*Nouvelle série*), années 1837 à 1847 inclusivement .... 150 fr.

Tables écliptiques des Satellites de Jupiter, d'après la théorie de Laplace et la totalité des observations faites depuis 1662 jusqu'à l'an 1802; par *Delambre*. In-4; 1817. 10 fr.

Tables écliptiques des Satellites de Jupiter; par M. *Damoiseau*. In-4; 1836 .... 15 fr.

Tables de la Lune, formées par la seule théorie de l'attraction et suivant la division de la circonférence en 360 degrés; par M. *Damoiseau*. In-fol.; 1828 .... 18 fr.

Connaissance des Temps, à l'usage des Astronomes et des Navigateurs,

Prix de chaque année sans Additions .... 5 fr.

pour 1849, avec Additions par M. Le Verrier. 10 fr. »
pour 1850, avec Additions par M. Liouville .. 7 fr. 50 c.
pour 1851, avec Additions par M. Caillet ..... 7 fr. 50 c.
pour 1853, avec Additions par M. A. Perrey .. 7 fr. 50 c.
pour 1854, avec Additions par M. Poinsot ... 10 fr. »
pour 1855, avec Additions par M. Poinsot .... 7 fr. 50 c.
pour 1856, avec Additions par M. Laugier .... 7 fr. 50 c.
pour 1857, avec Additions par M. Daussy .... 6 fr. »
pour 1858, avec Additions par M. Poinsot .... 7 fr. 50 c.
pour 1859, avec Additions par M. Liouville .. 7 fr. 50 c.

On peut se procurer la Collection complète, ou des années séparées de cet Ouvrage, depuis 1760 jusqu'à ce jour.

CAHOURS (**Auguste**), examinateur de sortie pour la Chimie à l'École impériale Polytechnique. — **Leçons de Chimie générale élémentaire**, professées à l'École Centrale des Arts et Manufactures. 2 vol. in-18 illustrés de 260 figures sur bois intercalées dans le texte et de 8 pl.; 1856 .... 12 fr.

CAILLET. — **Traité élémentaire de Navigation**, à l'usage des officiers de la Marine militaire et de la Marine marchande. 2e édition, revue et corrigée. In-8 avec planches.. 9 fr.

CAILLET. — **Tables des Logarithmes et co-Logarithmes des nombres et des Lignes trigonométriques**, disposées de manière à rendre les parties proportionnelles toujours additives; suivies de **Tables astronomiques et nautiques**. In-8.. 9 fr.

CARNOT (L.-N.-M.), membre de l'Institut. — **De la corrélation des Figures de Géométrie.** In-8, avec planches; gr. papier; 1801.. 3 fr.

CARNOT (L.-N.-M.). — **Principes fondamentaux de l'Équilibre et du Mouvement.** In-8, avec planches; 1803.. 5 fr.

CATALAN (E.), ancien élève de l'École Polytechnique. — **Manuel des Candidats à l'École Polytechnique.** Tome Ier, contenant: **Algèbre, Trigonométrie, Géométrie analytique à deux dimensions.** In-18 avec 167 figures dans le texte; 1857.. 5 fr.

Le tome II est *sous presse.*

CAUCHY (Aug.), membre de l'Académie des Sciences. — **Exercices d'Analyse et de Physique mathématiques.** 4 volumes in-4.. 52 fr.

Chaque volume se vend séparément.. 18 fr.

CAUCHY. — **Exercices de Mathématiques.** 51 livraisons in-4.. 80 fr.

Cet ouvrage a paru par livraisons, dont quelques-unes se vendent séparément.

CAUCHY. — **Mémoire sur la Résolution des équations numériques et sur la Théorie de l'élimination.** In-4; 1829.. 3 fr.

CAUCHY. — **Détermination des racines réelles.** In-4; 5 fr.

CAUCHY. — **Résolution des équations d'un degré quelconque.** In-4.. 2 fr. 50 c.

CAUCHY. — **Mémoire sur les intégrales définies, prises entre des limites imaginaires.** Brochure in-4 de 67 pages; 1825.. 3 fr. 50 c.

CAUCHY. — Mémoire sur l'application du calcul des résidus à la solution des problèmes de physique mathématique. In-4; 1827 . . . . 3 fr. 50 c.

CAUCHY. — Résumés analytiques. 5 numéros in-4. Turin; 1833. Ouvrage complet . . . . 7 fr. 50 c.

CAUCHY. — Nouveaux exercices de Mathématiques. In-4 de 8 cahiers. Prague; 1835 et 1836 . . . . 12 fr.

CAUCHY. — Mémoire sur la Théorie de la Lumière. In-8; 1830 . . . . 50 c.

CAUCHY. — Mémoire sur le Système des valeurs qu'il faut attribuer à divers éléments déterminés par un grand nombre d'observations, pour que la plus grande de toutes les erreurs, abstraction faite du signe, devienne un minimum. In-4 . . . . 5 fr.

CAUCHY. — Méthode pour déterminer à priori les nombres des racines réelles positives et le nombre des racines réelles négatives d'une équation d'un degré quelconque. In-8; 1813 . . . . 80 c.

CAUCHY. — Mémoire sur la rectification des Courbes et des Quadratures des surfaces courbes. In-4 autographié. 1832 . . . . 1 fr.

CHAPMAN. — Traité de la Construction des Vaisseaux, traduit du suédois par *Vial de Clairbois*. In-4, avec 20 pl. 21 fr.

CHEVREUL (M.-E.), membre de l'Institut. — **De la Baguette divinatoire, du Pendule dit explorateur et des Tables tournantes, au point de vue de l'Histoire, de la Critique et de la Méthode expérimentale.** In-18; 1854 . . . . 5 fr.

CHOQUET, docteur des Sciences, professeur de Mathématiques, ancien répétiteur à l'École d'Artillerie de la Flèche. — **Traité d'Algèbre.** In-8, 1856 . . . . 7 fr. 50 c.

CLAIRAUT. — Éléments d'Algèbre; 6e édition, avec des **Notes** et des **Additions très-étendues**, par M. *Garnier*; précédés d'un **Traité d'Arithmétique**, par *Theveneau*, et d'une **Instruction sur les nouveaux Poids et Mesures.** 2 vol. in-8; 1801 . . . . 10 fr.

CLAIRAUT. — Éléments de Géométrie; à l'usage des Écoles élémentaires. Nouvelle édition; in-8. 2 fr. 50 c.

COMMERCIUM EPISTOLICUM J. COLLINS ET ALIORUM DE ANALYSI PROMOTA, etc., ou **CORRESPONDANCE** de *J. Collins* et d'autres Savants célèbres du XVIIe siècle, relative à l'**ANALYSE SUPÉRIEURE** : réimprimée sur l'édition originale de 1712 avec l'indication des variantes de l'édition de 1722, complétée par une collection de pièces justificatives et documents, et publiée par M. *J.-B. Biot*, membre de l'Institut, et M. *F. Lefort*, ingénieur en chef des Ponts et Chaussées. In-4, avec figures intercalées dans le texte; 1856.. 15 fr.

COMTE (A.), ancien élève de l'École Polytechnique. — **Cours de Philosophie positive.** 6 vol. in-8.

CONDORCET. — **Moyens d'apprendre à compter avec facilité**, divisés en 12 leçons. Nouvelle édition; in-18; 1854. Broché.............................. 1 fr. »

Cartonné.............................. 1 fr 25 c.

COSTE et PERDONNET, Ingénieurs des Mines. — **Mémoires métallurgiques sur le traitement des Minerais de fer, d'étain et de plomb, dans la Grande-Bretagne**; faisant suite au **Voyage métallurgique** de MM. *Dufrénoy* et *Élie de Beaumont*, Ingénieurs des Mines. In-8, avec atlas; 1830........................ 9 fr.

COURS SPÉCIAL A L'USAGE DES SOUS-OFFICIERS DE L'ARTILLERIE. (*Adopté par S. Exc. le Ministre de la Guerre.*). In-12, avec 8 planches. 2 fr. 50 c.

COUSIN. — **Traité élémentaire de l'Analyse mathématique ou d'Algèbre.** In-8.................. 4 fr.

CROIZET (V.), ingénieur géomètre. — **Géodésie générale et méthodique, considérée sous le rapport de la mesure et de la division des terres.** 3e édition, revue et corrigée avec soin; in-4, avec planches........ 10 fr.

DELAGARDETTE (C.-M.), professeur d'Architecture. — **Nouvelles règles pour la pratique du Dessin et du Lavis de l'Architecture civile et militaire.** In-8, avec pl.; 1835.. 6 fr.

DE LATREILLE (Édouard), Photographe; élève de M. Gustave Le Gray. — **Almanach-Manuel du Photographe, pour l'an 1857**. In-18 avec 3 planches. 50 c.

DELAISTRE (L.), professeur de Dessin général. — **Cours complet de Dessin linéaire, gradué et progressif**, contenant la Géométrie pratique, élémentaire et descriptive; l'Arpentage, la Levée des Plans et le Nivellement; le Tracé des Cartes géographiques; des Notions sur l'Architecture; le Dessin industriel; la Perspective linéaire et aérienne; le Tracé des ombres et l'étude du Lavis; publié en quatre Parties, composées de 60 planches et texte in-4 oblong à 2 colonnes, tirées sur jésus. (Ouvrage donné en prix par la Société d'Encouragement pour l'industrie nationale aux contre-maîtres des établissements industriels.)

Prix de l'ouvrage complet broché........... 18 fr.

Cartonné............................ 19 fr. 50 c.

MM. les Professeurs et les Elèves pourront se procurer les planches séparément sans le texte. Prix de chaque pl. 25 c.

DELAMBRE, membre de l'Académie des Sciences. — **Astronomie pratique.** 3 vol. in-4.......... 50 fr.

DELISLE (A.), examinateur pour l'admission à l'École Navale, professeur émérite et officier de l'Université, **et GERONO**, professeur de Mathématiques. — **Géométrie analytique.** In-8, avec pl.; 1853-1854......... 8 fr.

DELISLE et GERONO. — **Éléments de Trigonométrie rectiligne et sphérique.** 4e édition revue et augmentée; in-8, avec planches; 1855.............. 3 fr. 50 c.

D'ÉTROYAT (Ad.), constructeur. — **Traité élémentaire d'Architecture navale.** 1re partie, **Plan du navire.** — 2e partie, **Calculs.** — 3e partie, **Détails de construction.** In-4 et atlas in folio de 29 planches........... 20 fr.

On vend séparément : 2e partie.............. 5 fr.

3e partie.............. 10 fr.

D'ÉTROYAT (Ad.). — **De la Carène du Navire et de l'Échelle de solidité.** In-4 avec 5 planches; 1856. 4 fr.

D'ÉTROYAT (Ad.). — **Embarcations des Navires de guerre et du commerce.** Grand in-4 avec atlas in-folio de 15 planches; 1856.................. 10 fr.

DIEU (TH.), professeur à la Faculté des Sciences de Grenoble. — **Eléments d'Arithmétique**, rédigés suivant les nouveaux Programmes pour l'enseignement secondaire et l'enseignement primaire. In-8; 1852..... 1 fr. 50 c.

DUFRÉNOY, ÉLIE DE BEAUMONT, LÉON COSTE et **PERDONNET**, ingénieurs des Mines. — **Voyage metallurgique en Angleterre**, ou Recueil de Mémoires sur le gisement, l'exploitation et le traitement des minerais de fer, étain, plomb, cuivre, zinc, dans la Grande-Bretagne. 2e édition, corrigée et considérablement augmentée; 2 forts vol in-8, avec un atlas ensemble de 39 gr. pl , compris deux cartes géologiques de l'Angleterre, coloriées .... 40 fr.

DUHAMEL, membre de l'Institut. — **Cours de Mécanique**. 2e édit.; 2 vol. in-8, avec planches; 1854. 12 fr.

DUHAMEL. — **Éléments de Calcul infinitésimal**. 2 vol. in 8, avec planches; 1856. .... 12 fr.

DUMAS, membre de l'Institut. **Traité de Chimie appliquée aux Arts**. 8 vol. in-8 et Atlas........ 150 fr.

DUPIN (**Ch.**), membre de l'Institut. — **Application de Géométrie et de Mécanique** à la Marine, aux Ponts et Chaussées, etc , pour faire suite aux **Développements de Géométrie**. In-4, avec 17 planches; 1822...... 15 fr.

DUPIN. — **Développements de Géométrie**, avec des applications à la stabilité des vaisseaux, aux déblais et remblais, aux défilements, à l'optique, etc., pour faire suite à la **Géométrie descriptive** et à la **Géométrie analytique** de *Monge*. In-4, avec planches........ 15 fr.

DUPIN. — **Géométrie appliquée aux Arts**, 1828. 6 fr.

DUPIN. — **Mécanique appliquée aux Arts**. In-8; 1842. 4 fr.

DURUTTE (le Comte **C.**). — **Esthétique musicale**. — **Technie** ou lois générales du système harmonique. In-4; 1855.. 15 fr.

DUVIGNAU, ancien Élève de l'École Polytechnique, directeur d'une École préparatoire au Baccalauréat ès Sciences et à l'École impériale de Saint-Cyr. — **Baccalauréat ès Sciences**. - **Problèmes de Mathématiques et de Physique pour la préparation à la Composition**, contenant la plupart des Questions proposées aux différents Concours. In-12, avec figures dans le texte; 1854. .... 2 fr.

ÉBELMEN, ingénieur en chef au Corps impérial des Mines, professeur de Docimacie à l'École des Mines de Paris, administrateur de la Manufacture impériale de

Porcelaine de Sèvres. — **Recueil de Travaux scientifiques**, revu et corrigé par M. *Salvétat*, chimiste à la Manufacture impériale de Sèvres, précédé d'une Notice sur M. *Ebelmen*, par M. *Chevreul*, membre de l'Institut. 1re partie, **Chimie.** — 2e partie, **Céramique.** — 3e partie, **Géologie.** — 4e partie, **Métallurgie.** 2 forts vol. in-8, avec 54 gravures dans le texte. 1855............ 15 fr.

ÉCOLE POLYTECHNIQUE (JOURNAL DE L'), PUBLIÉ PAR LE CONSEIL D'INSTRUCTION DE CET ÉTABLISSEMENT. — (Mémoires de MM. *Lagrange*, *Laplace*, *Monge*, *Prony*, *Fourcroy*, *Berthollet*, *Vauquelin*, *Lacroix*, *Hachette*, *Poisson*, *Sganzin*, *Guyton-Morveau*, *Barruel*, *Legendre*, *Haüy*, *Malus*, *Ampère*, *Biot*, *Cauchy*, *Binet*, *Olivier*, *Duhamel*, *Coriolis*, *Liouville*, *de Catalan*, *Delaunay*, *J. Bertrand*, *Ossian Bonnet*, *de Senarmont*, *de la Gournerie*, *Bresse*, *J.-A. Serret*, *Bravais*, *Dulong*, *Petit*, *Thenard*, *Lefrançais*, *Dupin*, *Bret*, *Poinsot*, *Lamé*, *Résal*, *Boileau*, *etc.*).

35 Cahiers en 35 vol. in-4, avec planches... 250 fr.

Les cahiers ci-après se vendent séparément :

III...........................	7 fr.
IV...........................	7
V...........................	7
VI...........................	7
VII et VIII.....................	8
VIII *bis* (*Mécanique philos. de* PRONY)....................	10
IX...........................	7
XI...........................	12
XII...........................	12
XIII...........................	8
XVI...........................	8
XVII...........................	8
XX...........................	10
XXI...........................	8
XXII...........................	8

XXIII........................ 6
XXV........................ 8
XXVI........................ 8
XXVII........................ 9
XXVIII........................ 7
XXIX........................ 5
XXX........................ 5 fr.
XXXI........................ 9
XXXII........................ 5
XXXIII........................ 9
XXXIV........................ 10
XXXV........................ 10
XXXVI........................ 10
XXXVII (*Sous presse*).

ENDRÈS (**E.**), ancien élève de l'École Polytechnique, ingénieur des Ponts et Chaussées et de la Compagnie des Chemins de fer du Midi. — **Manuel du Conducteur des Ponts et Chaussées,** rédigé d'après le nouveau *Programme officiel.* Ouvrage indispensable aux Conducteurs et Agents secondaires des Ponts et Chaussées et des Compagnies des Chemins de fer, aux Agents voyers et à tous les Candidats à ces emplois. 2e édition, considérablement augmentée, et contenant toutes les matières du *Programme.* 2 vol. in-8, avec 487 figures dans le texte et 4 planches d'instruments dessinés et gravés d'après les meilleurs modèles. 1857.......................13 fr.

EUCLIDE (**Œuvres d'**), en grec, en latin et en français, d'après un manuscrit très-ancien qui était resté inconnu jusqu'à nos jours; par *Peyrard*, traducteur des *Œuvres d'Archimède;* ouvrage approuvé par l'Académie des Sciences. 3 vol. in-4; Paris, 1818. Au lieu de 90 fr... 30 fr.

FATON (**le P.**), de la Compagnie de Jésus. — **Traité d'Arithmétique théorique et pratique,** en rapport avec les nouveaux Programmes d'enseignement, terminé par une petite Table de Logarithmes disposée comme les Tables de Callet. Chaque théorie est suivie d'un choix d'Exercices gradués de calcul et d'un grand nombre de Problèmes. Fort vol. in-12; 1854. 2 fr. 75 c.

FINANCE (**Ch.-S**), maître à l'École primaire supérieure de Saint-Dié (Vosges). — **Arithmétique**, à l'usage des Écoles primaires supérieures, des Écoles normales primaires, des petits Séminaires, des Communautés religieuses et des Pensions; comprenant les matières exigées pour le brevet d'Instituteur et pour l'admission aux Écoles des Arts et Métiers. In-12; 1854........ 2 fr. 50 c.

FLANDIN (**Ch.**), docteur en médecine de la Faculté de Paris. — **Traité des Poisons, ou Toxicologie appliquée à la Médecine légale, à la Physiologie et à la Thérapeutique.** 3 vol. in-8, avec planches; 1853..... 21 fr.
Les tomes II et III se vendent séparément.... 14 fr.

FOGÈRES (**M. Ludovic de**). — **Arithmétique élémentaire**, rédigée en partie d'après les Notes laissées par son grand-père M. *Boucharlat*. In-12; 1855........... 1 fr.

FRANCŒUR (**L.-B.**). — **Uranographie, ou Traité élémentaire d'Astronomie**, à l'usage des personnes peu versées dans les Mathématiques, des Géographes, des Marins, des Ingénieurs, accompagnée de Planisphères. 6e édition, revue, corrigée et augmentée d'une **Notice sur la Vie et les Ouvrages de l'Auteur**, par M. *Francœur* fils, professeur de Mathématiques à l'École des Beaux-Arts. In-8, avec planches; 1853 ... . 10 fr.

FRANCŒUR. — **Cours complet de Mathématiques pures.** 4e édit. 2 vol. in-8, avec pl.; 1837. (*Ouvrage destiné aux élèves des Écoles Normale et Polytechnique, et aux candidats qui se préparent à y être admis*)....... 12 fr.

FRANCŒUR. — **Éléments de Statique.** In-8... 3 fr.

FRANCŒUR. — **Traité de Géodésie**, augmenté de **Notes sur la Mesure des Bases**; par M. *Bossard*, professeur à l'École Polytechnique. 3e édition, revue et corrigée par M. *Francœur* fils, professeur de Mathématiques à l'École des Beaux-Arts. In-, avec 11 pl.; 1855. 10 fr.

FRANCOEUR (**L.-B.**). **Astronomie pratique**, usage et composition de la *Connaissance des Temps*; ouvrage destiné aux Astronomes, aux Marins et aux Ingénieurs. 2e édition; in-8, avec planches. (*Sous presse.*)

FRANCOEUR (**L.-B.**). — **Éléments de Technologie ou description des Procédés des arts et de l'économie domestique, pour préparer, façonner et finir les ob-**

jets à l'usage de l'homme; ouvrage destiné à l'instruction de la jeunesse, aux pères de famille, aux colléges, aux institutions et pensionnats; dédié à M. *Dumas*. In-8. 7 fr.

FRANCOEUR (L.-B.). — Sur le Calendrier des Mahométans; suivi d'un Rapport fait au Bureau des Longitudes **Sur la Détermination de la longueur de l'arc méridien**, etc.; par MM. *Mathieu*, *Daussy* et *Largeteau*. In-8 .... 1 fr.

FRENET, professeur à la faculté des Sciences de Lyon. — **Recueil d'exercices sur le Calcul infinitésimal.** (*Ouvrage destiné aux Élèves de l'École Polytechnique, à ceux de l'École Normale, et aux auditeurs des Cours de Mathématiques dans les Facultés des Sciences.*) In-8 avec planches; 1856 .... 5 fr.

FURIET, ingénieur des Mines. — **Éléments de Mécanique**, exposés suivant le *Programme* de M. le Ministre de l'Instruction publique et des Cultes du 30 août 1852, pour le Baccalauréat ès Sciences, à l'usage des Candidats aux Écoles spéciales, des Élèves des Écoles professionnelles, des Ingénieurs, Conducteurs, et de toutes les personnes qui désirent s'initier aux principes de la Mécanique pratique. In-8, avec 140 figures dans le texte; 1856.. 6 fr.

GANOT (A.), professeur de Physique. — **Traité élémentaire de Physique expérimentale et appliquée et de Météorologie.** 6e édition, in-12, illustrée de 455 belles gravures sur bois intercalées dans le texte; 1856. 7 fr.

GARNIER (F.), Ingénieur au corps des Mines, ancien élève de l'École Polytechnique. — **Traité sur les Puits artésiens.** 2e édit., revue et augmentée, avec 25 planc. in-4 .... 18 fr.

GARNIER. — Traité d'Arithmétique. 2e éd.; in-8. 2 fr. 50 c.

GARNIER. — Éléments d'Algèbre, à l'usage des aspirants à l'École Polytechnique. 3e édition revue, corrigée et augmentée; in-8 .... 6 fr.

GARNIER. — Suite de ces **Éléments.** 2e partie: **Analyse algébrique.** Nouvelle édit., considérablement augmentée; in-8 .... 6 fr.

GARNIER. — **Géométrie analytique**, ou Application de l'Algèbre à la Géométrie. 2e édit., revue et augmentée; in-8, avec 14 planches .... 6 fr.

GARNIER. — **Éléments de Géométrie**, contenant les deux Trigonométries, les éléments de la Polygonométrie et du Levé des Plans, et l'Introduction à la Géométrie descriptive. In-8, avec planche.................. 5 fr.

GARNIER. — **Leçons de Statique**, à l'usage des aspirants à l'École Polytechnique. In-8, avec 12 pl.. 4 fr.

GARNIER. — **Leçons de Calcul différentiel.** 3e édit.; in-8, avec 4 planches.............................. 6 fr.

GARNIER. — **Leçons de Calcul intégral.** In-8, avec 2 pl. 6 fr.

GARNIER. — **Discussion des Racines des équations déterminées du premier degré à plusieurs inconnues, et élimination entre deux équations de degré quelconque à deux inconnues.** 2e édit.; in-8. 1 fr. 50 c.

GARNIER et AZEMAR. — **Trisection de l'angle**, suivie des **Recherches analytiques** sur le même sujet. In-18.................................... 2 fr. 50 c.

GAUSS (C.-F.). — **Méthode des moindres carrés.** Mémoires sur la combinaison des observations Traduits en français et avec l'autorisation de l'auteur; par M. *J. Bertrand*. In-8; 1855..................................... 4 fr.

GAY-LUSSAC et POUILLET, membres de l'Institut. — **Instruction sur les Paratonnerres**, adoptée par l'Académie des Sciences. In-18, avec figures dans le texte et 2 planches; 1855.................................... 1 fr.

GERONO et ROGUET. — **Programme détaillé d'un Cours d'Arithmétique, d'Algèbre et de Géométrie analytique**, comprenant les connaissances exigées pour l'admission aux Écoles du Gouvernement, et suivi de Notes, et des énoncés d'un grand nombre de Problèmes. 4e édit, entièrement refondue; in-8. 1856........ 4 fr.

GOSSART (A.), sous inspecteur des contributions indirectes. — **Sténarithmie ou Abréviation des calculs**, complément indispensable de toutes les Arithmétiques. 2e édition; in-12; 1853............................ 1 fr.

GOSSART. — **Sténographie applicable à l'alphabet ordinaire.** In-12............................. 1 fr.

GOURÉ, proviseur du Lycée de Strasbourg. — **Éléments d'Arithmétique, à** l'usage des candidats des Écoles spéciales du Gouvernement. 2e édit. In-8; 1852. (*Autorisés pour l'enseignement dans les Lycées et Colléges.*)... 5 fr.

GOURNERIE (de la), professeur au Conservatoire des Arts et Métiers. — **Discours sur l'art du Trait et la Géométrie descriptive.** In-8; 1855........ 1 fr. 25 c.

GUIONNEAU DE PAMBOUR. — **Théorie des Machines à vapeur.** In-4, et atlas de 23 pl., 1844.. 50 fr.

GUIONNEAU DE PAMBOUR. — **Calcul de la Force des machines à vapeur pour la navigation ou l'industrie et pour l'achat des machines.** In-8... 2 fr. 50 c.

HARANT (H.), licencié ès Sciences, et **LAFFITTE (P.)**, professeur de Mathématiques. — **Leçons de Cosmographie**, *rédigées d'après les Programmes arrêtés par la Commission chargée des attributions du Conseil de perfectionnement et approuvés par le Ministre de la Guerre.* In-8, avec planches; 1853.............................. 3 f. 50 c.

HAÜY. Traité de Minéralogie. 2e édition, revue, corrigée et considérablement augmentée; 4 vol. in-8 et Atlas de 120 planches en taille-douce.................. 25 fr.

HAÜY. Traité des Caractères physiques des Pierre précieuses, pour servir à leur détermination lorsqu'elle ont été taillées. In-8, avec 3 planches en taille-douce; 1817.. 5 fr.

HAÜY. Tableaux comparatifs des résultats de la Cristallographie et de l'analyse chimique, relativement à la classification des Minéraux. In-8.......... 5 fr.

HUTTON. — **Nouvelles expériences d'Artillerie**, faites pendant les années 1787, 1788, 1789 et 1791, où l'on détermine la force de la poudre, la vitesse initiale des boulets de canon, les portées des pièces à différentes élévations, la résistance que l'air oppose au mouvement des projectiles, les effets des différentes longueurs des pièces, des différentes charges de poudre, etc. Traduites de l'anglais, par M. *O. Terquem*, professeur de Mathématiques aux Écoles nationales, bibliothécaire du dépôt central d'Artillerie, etc.; seconde partie, avec pl. In-4; 1826. 8 fr.

IMBART (E.-F.), architecte, professeur de Lavis et de Topographie à l'École militaire de Saint-Cyr. — **De la Mesure du temps et description de la Méridienne verticale portative du temps vrai et du temps moyen pour régler les pendules et les montres.** Admise à l'Exposition des produits de l'industrie française de l'année 1827. 2e édition, in-12 avec planche; 1857... 1 fr.

JARIEZ (J.) — **Cours élémentaire de Mécanique industrielle**, à l'usage des élèves des Écoles d'Arts et Métiers. 2 vol. in-8 avec Atlas; 1849............ 15 fr.

JONQUIÈRES (E. de), lieutenant de vaisseau. — **Mélanges de Géométrie pure**, comprenant diverses applications des théories exposées dans le **Traité de Géométrie supérieure** de M. *Chasles*, au mouvement infiniment petit d'un corps solide libre dans l'espace, aux sections coniques, aux courbes du troisième ordre, etc., et la traduction du **Traité** de *Maclaurin* **sur les Courbes du troisième ordre.** In-8, avec planches; 1856..................... 5 fr.

JULIEN (Stanislas), membre de l'Institut. — **Histoire et Fabrication de la Porcelaine chinoise.** Ouvrage traduit du chinois, accompagné de Notes et Additions par M. *Alphonse Salvétat*, chimiste à la Manufacture impériale de Porcelaine de Sèvres, et augmenté d'un **Mémoire sur la Porcelaine du Japon**, traduit du japonais, par M. le docteur *Hoffmann*. (*Dédié à Monsieur le Ministre de l'Instruction publique.*) Beau volume imprimé sur grand raisin fin glacé, avec 14 planches, figures gravées sur bois, et une carte de la Chine indiquant l'emplacement des manufactures de porcelaine anciennes et modernes. Grand in-8; 1856....................... 12 fr.

JULLIEN (le P.), de la Compagnie de Jésus. — **Problèmes de Mécanique rationnelle** disposés pour servir d'applications aux principes enseignés dans les Cours. Cet ouvrage renferme les questions nouvellement introduites dans le Programme de la Licence et de nombreuses applications pratiques. 2 volumes in-8, avec fig. dans le texte. 1855.................................. 12 fr.

JURGENSEN. — **Principes de l'exacte Mesure du Temps par les Horloges**; in-4; avec atlas de 17 pl.; 1838; 20 fr.

JURGENSEN. — **Mémoire sur l'Horlogerie exacte**, contenant des Remarques sur l'Horlogerie exacte; et proposition d'un échappement libre, etc. In 4; avec 5 planches gravées; 1832 .... 6 fr.

LABEY (J.-B.), Examinateur à l'École Polytechnique. — **Traité de Statique.** In-8, avec planches; 1812. 3 fr. 50

LABOULAYE. — **Dictionnaire des Arts et Manufactures, de l'Agriculture, des Mines, etc.** 4 tomes en 2 forts vol. in-4 .... 60 fr.

LACROIX (S.-F.), Membre de l'Institut. — **Traité élémentaire d'Arithmétique.** 20e édit.; in-8... 2 fr.

LACROIX (S.-F.). — **Éléments d'Algèbre**, à l'usage des Candidats aux Écoles du Gouvernement. 21e édition, revue, corrigée et annotée, conformément aux **nouveaux Programmes de l'enseignement dans les Lycées**; par M. *Prouhet*, professeur de Mathématiques. In-8; 1854 .... 6 fr.

LACROIX (S.-F.). — **Complément des Éléments d'Algèbre.** 6e édition, revue et corrigée; in-8; 1835 4 fr.

LACROIX (S.-F.). — **Éléments de Géométrie** (1re Partie, *Géométrie plane*: CLASSE DE TROISIÈME. — 2e Partie. *Géométrie dans l'espace*. CLASSE DE SECONDE. — 3e Partie. *Complément de Géométrie*. CLASSE DE MATHÉMATIQUES SPÉCIALES. — 4e Partie. *Notions sur les courbes usuelles*. CLASSE DE RHÉTORIQUE. 17e édit.; conforme aux *Programmes officiels* de l'enseignement dans les Lycées; revue et corrigée par M. *Prouhet*, professeur de Mathématiques. In-8, avec 220 figures dans le texte; 1855 .... 4 fr.

LACROIX (S.-F.). — **Essais de Géométrie sur les Plans et les Surfaces courbes (Éléments de Géométrie descriptive).** 7e édition, revue et corrigée. In-8, avec planches; 1840 .... 3 fr.

LACROIX (S.-F.). — **Traité élémentaire de Trigonométrie rectiligne et sphérique, et d'Application de l'Algèbre à la Géométrie.** 10e édition, revue et corrigée; in-8, avec planches; 1852 .... 4 fr.

LACROIX (S.-F.). — Introduction à la Connaissance de la Sphère. In-18, avec planches; 1832. 1 fr. 25 c.

LACROIX (S.-F.). — Essai sur l'Enseignement en général et sur celui des Mathématiques en particulier. 4e édit.; in-8; 1838........................ 5 fr.

LACROIX (S.-F.). — Traité élémentaire du Calcul des Probabilités. 3e édition; in-8, avec pl.; 1833. 5 fr.

LACROIX (S.-F.). — Introduction à la Géographie mathématique et critique, et à la Géographie physique. Nouvelle édition, avec 5 cartes et 7 planches; in-8; 1847.. 7 fr.

LACROIX (S.-F.).—Traité élémentaire de Calcul différentiel et de Calcul intégral. 6e édition, revue et annotée par MM. *Hermite* et *J.-A. Serret*, examinateur à l'École Polytechnique. In-8; 1856. (*Sous presse.*)

LAGRANGE. — Théorie des Fonctions analytiques. 3e édit., revue par M. *Serret;* in-4; 1847........ 18 fr.

LAGRANGE. — Mécanique analytique. 3e édition, revue, corrigée et annotée par M. *J. Bertrand.* 2 vol. in-4; 1855...................................... 40 fr.

LAGRANGE.— De la Résolution des Équations numériques de tous les degrés; avec des Notes sur plusieurs points de la théorie des équations algébriques. 3e édition; in-4.. 15 fr.

LALANDE. — Tables des Logarithmes pour les Nombres et les Sinus à CINQ DÉCIMALES; revues par le baron *Reynaud.* Nouvelle édition, augmentée de *Formules pour la Résolution des Triangles*, par M. *Bailleul.* In-18, 1854.. 2 fr.

LALANDE.—Tables de Logarithmes, étendues à **SEPT DÉCIMALES**; par *F.-C.-M. Marie;* précédées d'une Instruction dans laquelle on fait connaître les limites des erreurs qui peuvent résulter de l'emploi des Logarithmes des nombres et des lignes trigonométriques, par le baron *Reynaud.* Nouvelle édition, augmentée de *Formules pour la résolution des Triangles*, par M. *Bailleul.* In-12.. 3 fr. 50 c.

LAMÉ, membre de l'Institut. — **Leçons sur la Théorie mathématique de l'élasticité des corps solides.** In-8, avec planches; 1852 .... 5 fr.

LAMÉ. — **Leçons sur les Fonctions inverses des transcendantes et les surfaces isothermes.** In-8 avec figures dans le texte; 1857.......................... 5 fr.

LANZ et BÉTANCOURT.—Essai sur la Composition des Machines. 3e édit., revue, corrigée et augmentée; in-4, avec un atlas de 13 grandes planches; 1840. 12 fr.

LAPLACE (marquis DE). — **Exposition du Système du Monde**, précédée de l'éloge de Laplace par le baron *Fourier*. In-4, papier fin, avec portrait; 6e éd. 1835. 15 fr.

Le même. 2 vol. in-8; 6e édition; 1836..... 15 fr.

LAPLACE. — **Précis de l'Histoire de l'Astronomie.** In-8; 1821.......................... 3 fr.

LAPLACE (OEUVRES de). 7 vol. in-4° (*édition du Gouvernement.*)

LAUR.— Géodésie pratique simplifiée et perfectionnée, à l'usage du Génie civil et militaire, des Ponts et Chaussées et des Mines, des géomètres du Cadastre et géomètres jurés et de toutes les personnes qui s'occupent de plans géométriques, de drainages, de pactages et de bornage des terres. 6e édition; 2 vol. in-8, avec planches.......................... 10 fr.

LAURENT (A.), membre correspondant de l'Institut (Académie des Sciences, Section de Chimie), ingénieur des Mines, ancien professeur de Chimie à la Faculté des Sciences de Bordeaux, Essayeur à la Monnaie. **Méthode de Chimie**, précédé d'un **Avis au lecteur** par M. *Biot*, membre de l'Institut. In-8, avec figures dans le texte; 1854.......................... 8 fr.

LAURENT (l'abbé). — **Traité de Calcul différentiel.** In-8; 1853.......................... 7 fr.

LE BLANC. — **Choix de Modèles appliqués à l'enseignement du Dessin des Machines**, avec un texte descriptif. In-4, avec atlas de 60 planches; 1830. 22 fr.

LEFÈVRE, Géomètre en chef du cadastre. — **Abrégé du nouveau Traité d'Arpentage**, ou Guide pratique et memoratif de l'arpenteur, particulièrement destiné aux personnes qui n'ont point étudié la Géométrie : contenant toutes les méthodes nécessaires pour l'arpentage, le levé des plans, l'aménagement des bois, le nivellement, le toisé, etc., etc., suivi de l'exposé d'un nouveau mode d'observer les angles d'une triangulation. Gros vol. in-12, avec 18 planches, dont une coloriée... .... 7 fr.

LEGENDRE (A.-M.), Membre de l'Institut. — **Nouvelle Méthode pour la détermination des Orbites des Comètes**. In-4, avec planches ; 1805 .... 10 fr.

LEGENDRE. — **Théorie des Fonctions Elliptiques**. 3 volumes in-4.......................... 60 fr.

LEROY, ancien Professeur à l'École Polytechnique. — **Traité de Stéréotomie**, contenant les applications de la Géométrie descriptive à la théorie des ombres, la Perspective linéaire, la Gnomonique, la Coupe des pierres et la Charpente. 2e édit., revue et annotée par M. *E. Martelet*. In-4, avec atlas de 74 pl. in-fol. ; 1857........... 26 fr.

LEROY. — **Analyse appliquée à la Géométrie des trois dimensions**. 4e édition, revue et corrigée ; in-8, avec planches ; 1854.............................. 5 fr.

LEROY. — **Traité de Géométrie descriptive**. 4e édition, revue et annotée par M. *Martelet*, Professeur à l'École Centrale des Arts et Manufactures. In-4, avec atlas de 71 planches ; 1855.............................. 16 fr.

LE VERRIER (U.-J.), Membre de l'Institut. — **Mémoire sur la détermination des inégalités séculaires des planètes**. In-8, grand papier ; 1840........ .... 4 fr.

LE VERRIER (U.-J.) — **Mémoire sur les variations séculaires des éléments des orbitres pour les sept planètes principales : Mercure, Vénus, la Terre, Mars, Jupiter, Saturne et Uranus, etc.** In-8 ; 1843. 3 fr. 50

LE VERRIER (U.-J.). — **Théorie du Mouvement de Mercure**. In-8 ; grand papier ; 1845............ 5 fr.

LE VERRIER (U. J.). — **Recherches sur les Mouvements de la planète Herschel**, *dite* **Uranus**. In-8 de 254 pages ; grand papier ; 1846........................ 5 fr.

LIONNET (E.), agrégé de l'Université, professeur de Mathématiques pures et appliquées au Lycée Louis-le-Grand, examinateur suppléant d'admission à l'École Navale. — **Algèbre élémentaire**, à l'usage des candidats au Baccalauréat ès Sciences et aux Écoles du Gouvernement; rédigée conformément aux *Programmes officiels* des Lycées. In-8, avec figures dans le texte; 1855. . . 3 fr. 50 c.

MARIE (F.-C.), Professeur de Mathématiques et de Topographie. — **Principes du Dessin et du Lavis de la Carte Topographique**, présentés d'une manière élémentaire et méthodique, avec tous les développements nécessaires aux personnes qui n'ont pas l'habitude du dessin; accompagnés de 9 modèles, dont 8 sont coloriés avec soin; in-4 oblong. . . . . 15 fr.

MARIE. — **Principes des Écritures en caractères ordinaires et en caractères moulés**, appliqués aux plans et aux cartes, suivis de 10 modèles gravés avec soin, etc. In-4 oblong; 1830 . . . . 6 fr.

MARIE. — **Géométrie Stéréographique**, ou Reliefs des polyèdres pour faciliter l'étude des corps, en 25 planches gravées, dont 24 sur carton et découpées, etc.; 1835. 8 fr.

MARIELLE (C.-P.), Chef d'Escadron honoraire, ancien Trésorier, Garde des Archives et Secrétaire des Conseils de l'École. — **Répertoire de l'École impériale Polytechnique ou renseignements sur les Élèves qui ont fait partie de l'Institution depuis l'époque de sa création en 1794 avec indication de leur position connue, jusqu'en 1855 inclusivement, avec plusieurs tableaux et résumés statistiques.** (*Publié avec l'autorisation de S. Exc. le Ministre de la Guerre et dédié aux Élèves de l'École.*) Volume in-8 en tableaux; 1855. . . . . . . 5 fr.

MASCHERONI. — **Géométrie du compas**; traduit de l'italien, par M. *Carette*, officier supérieur du Génie. 2e édition, augmentée d'une Notice biographique sur l'auteur; in-8, avec planches; 1828. . . . . 7 fr.

MATTEUCCI (C.), professeur de Physique à l'Université de Pise. — **Cours spécial sur l'Induction, le Magnétisme de rotation, le Diamagnétisme, et sur les relations entre la force magnétique et les actions moléculaires.** In-8, avec planches; 1854. . . . . 5 fr.

MAUDUIT, Professeur de Mathématiques au Collége de France. — **Leçons élémentaires d'Arithmétique**, ou Principes d'Analyse numérique. Nouv. édit. in-8; 1804. 5 fr.

MAUDUIT. — **Introduction aux Sections coniques**, pour servir de suite aux **Éléments de Géométrie** de M. *Rivard*. In-8 avec planches .... 3 fr.

MIGNARD. — **Guide des Constructeurs**, ou Traité complet des connaissances théoriques et pratiques relatives aux Constructions; ouvrage utile à toutes les personnes qui s'occupent du bâtiment, et aux personnes qui font bâtir. 2 vol. grand in-8, et un atlas de 86 planches.... 48 fr.

MOLLET (**J.**), professeur de Physique et de Géométrie pratique. — **Gnomonique graphique**, ou **Méthode simple et facile pour tracer les Cadrans solaires sur toutes sortes de Plans** en ne faisant usage que de la règle et du compas; suivie de la **Gnomonique analytique**. 5e édition; in-8, avec planches; 1853............... 3 fr. 50 c.

MONGE. — **Géométrie descriptive.** 7e édition, augmentée d'une **Théorie des Ombres et de la Perspective**, extraite des papiers de l'Auteur par M. *Brisson*, ancien élève de l'Ecole Polytechnique, Ingénieur en chef des Ponts et Chaussées. In-4, avec 28 planches; 1847....... 12 fr.

MONGE. — **Application de l'Analyse à la Géométrie.** 5e édit., revue, corrigée et annotée par M. *Liouville*, membre de l'Académie des Sciences; in-4 sur papier superfin des Vosges, avec planches et le portrait de *Monge*; 1849. (*Édition de luxe.*)........................ 36 fr.

MONGE. — **Traité élémentaire de Statique**, à l'usage des Écoles de la Marine. 8e édition conforme à la précédente, revue par M. *Hachette*, membre de l'Institut; et suivie d'une Note contenant une nouvelle démonstration du parallélogramme des forces; par M. *Aug. Cauchy*. In-8; 1846 .... 4 fr.

MONTGERY, Capitaine de frégate. — **Traité des Fusées de guerre**, nommées autrefois **Rochettes**, et maintenant **Fusées à la Congrève**; précédé d'une Notice sur *Fulton*. In-8, fig.. 6 fr.

MONTGERY. — **Règles de Pointage à bord des vaisseaux**, avec deux tableaux de pointage; 2e édit.; 1832. 5 fr. 50 c.

MUNIN, ancien élève de l'Ecole Normale, ex-professeur de Chimie et de Physique au Lycée de Bourges. — **Chimie expérimentale et théorique, appliquée aux Arts industriels et agricoles.** 2 vol. in-8, avec pl.......... 5 fr.

NICHOLSON, Ingénieur civil. — **Description des Machines à Vapeur,** et détail des principaux changements qu'elles ont éprouvés depuis l'époque de leur invention; et des améliorations qui les ont fait parvenir à leur état actuel de perfection; traduit de l'anglais par *T. Duverne;* 3e édit.; in-8, avec planches; 1837............. 5 fr.

NICOLET (H.), Conservateur des Collections de l'ancien Institut agronomique de Versailles. — **Atlas de Physique et de Météorologie agricoles.** Grand atlas in-folio double de 14 planches avec texte; 1855 .... 50 fr.

NICOLLET (Y.). — **Histoire naturelle des Acariens qui se trouvent aux environs de Paris.** 1re Partie. 1 vol. grand in-4 avec planches coloriées; 1855....... 10 fr.

OLIVIER (Th.), professeur de Géométrie descriptive au Conservatoire des Arts et Métiers. — **Théorie géométrique des Engrenages destinés à transmettre le mouvement de rotation entre deux axes situés ou non situés dans un même plan.** In-4, avec planches; 1842...... 8 fr.

PIERRE (I.-J.), professeur de Mathématiques et de Physique. — **Exercices sur la Physique**, ou Recueil de questions, de problèmes et d'éclaircissements pour les différentes parties de cette science, avec les solutions, etc. In-8, avec fig.; 1838.......................... 4 fr.

PIOBERT (G.), membre de l'Institut. — **Traité d'Artillerie théorique et pratique.** — **Précis de la partie élémentaire et pratique.** 3e édit., revue et augmentée; in-8, avec pl................................ 8 fr.

POINSOT. — **Éléments de Statique.** 9e édition; 1848.................................... 6 fr. 50 c.

POINSOT. — **Théorie des Cônes circulaires roulants.** In-8, avec planche; 1853................ 2 fr. 50 c.

POINSOT. — **Théorie nouvelle de la Rotation des corps.** In-8, avec pl.; 1852........................ 5 fr.

POINSOT. — **Réflexions sur les Principes fondamentaux de la Théorie des Nombres.** In-4; 1847... 6 fr.

POISSON (**S. D.**), membre de l'Institut. — **Traité de Mécanique.** 2e édit., considérablement augmentée; 2 forts vol. in-8; 1833 .... 18 fr.

POISSON. — **Théorie mathématique de la Chaleur.** In-4; avec Supplément; 1835 .... 26 fr.
Le Supplément se vend séparément .... 6 fr.

POISSON. — **Recherches sur la Probabilité des Jugements en matière civile et en matière criminelle,** précédées des règles générales du Calcul des Probabilités. In-4; 1837 .... 20 fr.

POISSON. — **Formules relatives aux Effets du Tir sur les différentes parties de l'affût.** 2e édit.; in-8, avec une grande planche; 1838 .... 3 fr.

POISSON. — **Mémoire sur les Déviations de la Boussole, produites par le fer des vaisseaux,** etc.; in-8... 3 fr.

PONTÉCOULANT (**G. de**), ancien élève de l'École Polytechnique, colonel au corps d'État-major. — **Théorie analytique du Système du Monde.** 2e édit., considérablement augmentée. Tomes I et II; in-8; 1856. 18 fr.

On vend séparément :

Les tomes III et IV .... 33 fr.
Le tome IV .... 18 fr.
Les Suppléments aux livres II et V ...... 2 fr. 50 c.
L'ouvrage complet : 4 volumes .... 50 fr.

La 2e édition des tomes I et II dans laquelle se trouvent les Suppléments des livres II et V forme un **TRAITÉ COMPLET D'ASTRONOMIE PRATIQUE** et peut être considérée comme une introduction à la **Mécanique** céleste de *Laplace* et un Complément à la **Mécanique** de *Poisson*.

PRONY (**de**), membre de l'Institut. — **Leçons de Mécanique analytique**, données à l'École impériale Polytechnique. 2 vol. in-4; 1810 .... 30 fr.

PUISSANT. — **Traité de Géodésie,** ou Exposition des Méthodes trigonométriques et astronomiques applicables soit à la mesure de la Terre, soit à la confection du canevas des cartes et des plans topographiques 3e éd.; 2 vol. in-4, avec 13 pl.; 1842 .... 40 fr.

PUISSANT. — Méthode générale pour obtenir le résultat moyen dans une série d'observations astronomiques faites avec le cercle répétiteur de Borda. In-4; 1823 .... 6 fr.

PUISSANT.—Supplément à la seconde édition du **Traité de Géodésie**, contenant de nouvelles remarques sur plusieurs questions de Géographie mathématique, et sur l'Application des Mesures géodésiques et astronomiques à la détermination de la figure de la Terre, etc. In-4; 1827 .... 7 fr. 50 c.

PUISSANT. — Nouvelle détermination de la distance méridienne de Montjouy à Formentera, dévoilant l'inexactitude de celle dont il est fait mention dans la base du système métrique. In-4; 1836 et 1838.... 3 fr.

PUISSANT. — Instruction sur l'usage des Tables de Projections, adoptées pour la construction du canevas de la nouvelle Carte topographique de la France. In-4; 1821 .... 6 fr.

PUISSANT. — Nouvelles comparaisons des Mesures géodésiques et astronomiques de France, et conséquences qui en résultent relativement à la figure de la Terre; suivies d'un **Appendice** contenant des observations barométriques et thermométriques faites sur le parallèle moyen, et appliquées avec les distances zénithales et la mesure des différences de niveau. In-4; 1833...... 5 fr.

QUARTIER DE RÉDUCTION ET ASTRONOMIQUE, en usage dans la Marine. En feuille. » 50 c.
Collé sur carton .... 1 fr. 25 c.

QUETELET. — Sur l'Homme et le développement de ses facultés, ou **Essai de Physique sociale.** 2 vol. in-8, avec pl. .... 12 fr.

REECH (F.), ingénieur de la Marine. — **Théorie générale des effets dynamiques de la chaleur.** In-4, avec planch.; 1854 .... 10 fr.

REECH, ingénieur de la Marine, directeur de l'Ecole spéciale d'Application du Génie maritime à Lorient. — **Cours de Mécanique d'après la nature généralement flexible et élastique des corps,** comprenant **la Statique** et la **Dynamique** avec la Théorie des vitesses virtuelles, celle des forces vives et celle des forces de réaction, la Théorie des mouvements relatifs et le Théorème de Newton sur la similitude des mouvements. In-4; 1852.. 12 fr.

REECH. — **Machine à air d'un nouveau système déduit** d'une comparaison raisonnée des systèmes de MM. Ericsson et Lemoine. In-4, avec planches; 1854....... 6 fr.

REGNAULT (J.-J.), professeur de Mathématiques. — **Traité de Géométrie pratique**, comprenant les opérations graphiques et de nombreuses applications aux travaux d'art et de construction. In-8, avec pl.; 1842. 5 fr.

REGNAULT (J.-J.). — **Cours de Mathématiques théorique et pratique.** — **Manuel à l'usage des Candidats aux emplois de Conducteur des Ponts et Chaussées, de l'Agent voyer, des Lycées et des Écoles professionnelles**, rédigé d'après le *Programme* officiel des études mathématiques. In-8, pl.; 1853 .... 7 fr.

REGNAULT (J.-J.). — **Manuel des Aspirants au grade d'Ingénieur des Ponts et Chaussées.** — **Guide du Conducteur des Ponts et Chaussées, de l'Agent voyer, du Garde du Génie et de l'Artillerie**, rédigé d'après le nouveau *Programme officiel*.

Ouvrage divisé en 2 Parties. — **Chaque partie se vend séparément :**

PARTIE THÉORIQUE, contenant : l'Algèbre, la Géométrie analytique, la Géométrie descriptive, la Coupe des Pierres, la Charpente, la Physique, la Chimie, des notions de Géologie, la Mécanique des corps solides et l'Hydraulique. 2 volumes in-8, avec 44 planches.................. 12 fr.

PARTIE PRATIQUE, contenant : les Cours de Routes, Cours de Chemins de fer, Cours de Ponts, la Navigation intérieure, des Notions sur les Dessèchements et les Irrigations, les Ports maritimes; des Notions d'Architecture et l'exécution des travaux, etc. 2 vol in-8, avec 50 pl. 12 fr.

On accordera des facilités pour le payement aux personnes qui prendront les 5 volumes formant l'ouvrage complet dont le prix est de.................................. 31 fr.

REYNAUD (le baron), Examinateur pour l'admission à l'École Polytechnique, à la Marine, à l'École militaire de Saint Cyr et à l'École Forestière. — **Traité d'Arithmétique**, à l'usage des élèves qui se destinent à ces Écoles. In-8, 26e édition, revue, corrigée et annotée par M. *Gerono*, professeur de Mathématiques; 1855. (*Adopté par l'Université.*)............................ 4 fr.

REYNAUD. — **Fragments sur l'Algèbre et la Trigonométrie**, précédés du programme d'un Cours complet de Mathématiques élémentaires, à l'usage des Élèves de l'École Polymathique, et particulièrement de ceux qui se destinent à l'École Polytechnique. In-8; 1801. .... 2 fr. 50

REYNAUD. — **Notes sur l'Algèbre** de *Bezout*, à l'usage des Élèves qui se destinent à l'École Polytechnique, à la Marine, à l'École militaire de Saint-Cyr et à l'École Forestière. 7e édition. In-8; 1854. (*Adopté par l'Université.*) .... 4 fr. 50

REYNAUD. — **Théorèmes et Problèmes de Géométrie**, suivis de la Théorie des plans et des préliminaires de la Géométrie descriptive, comprenant la partie exigée pour l'admission à l'École Polytechnique, à l'usage des Élèves qui se destinent à l'École Polytechnique, à la Marine, à l'École militaire de Saint-Cyr et à l'École Forestière. 10e édition, augmentée de problèmes de Géométrie qui ont été proposés dans les concours des Colléges royaux. In-8, avec planch.; 1838. (*Adopté par l'Université.*) .... 6 fr.

REYNAUD. — **Petit Traité élémentaire d'Arithmétique.** In-12. .... 2 fr.

REYNAUD. — **Notes sur l'Arithmétique** de *Bezout*; 20e édit. In-8. .... 2 fr. 50

REYNAUD. — **Trigonométrie rectiligne et sphérique**; 3e éd., suivie des **Tables des Logarithmes des Nombres.** In-18, avec planches; 1818. .... 3 fr.

REYNAUD et GERONO (C.). — **Traité élémentaire de Statique**, à l'usage des Élèves qui se destinent à l'École Polytechnique et à la Marine. In-8, avec planches; 1838. .... 5 fr.

REYNAUD. — **Traité élémentaire de Mathématiques et de Physique**, suivi de quelques notions de Chimie et d'Astronomie, à l'usage des Élèves qui se préparent aux examens pour le Baccalauréat ès lettres. 4e édition; 2 vol. in-8, avec planches. .... 12 fr.

Le tome I, contenant l'**Arithmétique**, l'**Algèbre**, la **Géométrie** et la **Trigonométrie**, 4e édition, 1835, se vend séparément. .... 6 fr.

REYNAUD et DUHAMEL, ancien Élève de l'École Polytechnique. — **Problèmes et Développements sur les diverses parties des Mathématiques.** In-8, avec pl.; 1823. .... 6 fr. 50

RIVARD, professeur de Philosophie à l'Université de Paris. — **Traité de la Sphère et du Calendrier.** 8e édit., revue et augmentée par M. *Puissant*, membre de l'Institut. In-8, avec planches; 1837. . . . . 5 fr.

ROZET. — **De la Pluie en Europe.** In-12; 1855. . 2 fr.

SALVÉTAT (A.), chef des Travaux chimiques à la Manufacture impériale de Sèvres. — **Leçons de Céramique** professées à l'École Centrale des Arts et Manufactures, ou **Technologie céramique** comprenant les notions de Chimie, de Technologie et de Pyrotechnie, applicables à la fabrication, à la synthèse, à l'analyse, à la décoration des poteries. 2 vol. in-18 avec fig. dans le texte; 1857. 12 fr.

Le 1er volume est *en vente*.

Le 2e volume est *sous presse*.

SENARMONT (DE), membre de l'Institut. — **Traité de Cristallographie**, traduit de l'anglais de *Miller*. In-8, avec 12 planches; 1842. . . . . 5 fr.

SERRET (J.-A.), Examinateur d'admission à l'École Polytechnique. — **Cours d'Algèbre supérieure** professé à la Faculté des Sciences de Paris. 2e édition, revue et augmentée; fort vol. in-8, avec pl; 1854. . . . . 10 fr.

SERRET (J.-A.). — **Traité d'Arithmétique**, à l'usage des Élèves à l'École Polytechnique et à l'École militaire de Saint-Cyr. In-8, 1852. . . . . 5 fr.

SERRET (J.-A.). — **Éléments d'Arithmétique**, à l'usage des Candidats au Baccalauréat ès Sciences, à l'École spéciale militaire de Saint-Cyr, à l'École Forestière et à l'École Navale, conformes aux *Programmes officiels*. In-8; 1855. . . . . 3 fr.

SERRET (J.-A.). — **Traité de Trigonométrie.** In-8, avec planches. 2e éd.; 1857. 4 fr.

SERRET (J.-A.). — **Éléments de Trigonométrie rectiligne**, à l'usage des **Arpenteurs.** In-8, avec figures dans le texte; 1853. . . . . 2 fr.

SERRET (Paul). — **Des Méthodes en Géométrie.** In-8, avec figures dans le texte; 1855. . . . . 6 fr.

STURM, membre de l'Institut. — **Cours d'Analyse de l'École Polytechnique**, publié d'après le vœu de l'auteur, par M. *E. Prouhet*, professeur de Mathématiques. 2 vol. in-8 avec figures dans le texte; 1857. . . . . 12 fr.

Le 1er volume est *en vente*.

Le 2e volume est *sous presse*.

SUZANNE. — **De la Manière d'étudier les Mathématiques.**

1re Partie : **Préceptes généraux et Arithmétique**; 2e édit., considérablement augmentée; in-8. .... 6 fr.

TERQUEM. — **Exercices de Mathématiques élémentaires** à l'usage des Colléges et des aspirants aux Écoles Militaire, Forestière et Navale. (**Arithmétique et Algèbre**). In-8; 1842.......................... 5 fr.

THIERRY. — **Méthode graphique et géométrique,** ou le Dessin linéaire appliqué aux arts en général, et particulièrement à la Coupe des pierres; à la Projection des ombres; — à la pratique de la Coupe des pierres; — à la Perspective linéaire, et aux cinq ordres d'Architecture. 2e édit., revue par M. *Marie*. In-4 oblong, avec 50 planches.................................. 10 fr. 50 c.

THOREL (J.-B.-A.), géomètre de 1re classe du Cadastre. — **Arpentage et Géodésie pratiques.** Ouvrage à l'aide duquel on peut apprendre le Système métrique, l'Arpentage, la Division des terres, la Trigonométrie rectiligne, le Levé des Plans et la Gnomonique. 2e tirage. In-4, avec planches; 1853.............................. 4 fr.

TONDEUR, professeur de Mathématiques. — **Questionnaires et Exercices préparatoires à la composition et à l'examen du Baccalauréat ès Sciences,** suivis d'un **Recueil de Compositions.** In-12; 1855... 2 fr. 50 c.

TREDGOLD. — **Traité pratique sur les Chemins de fer et les voitures destinées à les parcourir,** principes d'après lesquels on peut évaluer leur force, leurs proportions et les dépenses annuelles qu'ils nécessitent, ainsi que leur produit; conditions à remplir pour les rendre à la fois utiles, économiques et durables. Théorie des Chariots à vapeur, des Machines stationnaires et de celles où l'on emploie le gaz; leur effet utile et les frais qu'elles occasionnent. Contenant beaucoup de Tables. Traduit de l'anglais, par *T. Duverne*. In-8, fig.; 1826....... 5 fr.

TREDGOLD. — **Traité de Machines à vapeur et de leur application à la Navigation, aux Mines, aux Manufactures, etc.,** comprenant l'histoire de l'invention et des perfectionnements successifs de ces machines, l'exposé de leur théorie et des proportions les plus convenables de leurs diverses parties, accompagné d'un grand nombre de tableaux synoptiques contenant les **résultats** les plus utiles pour la pratique; traduit de l'anglais, avec des Notes par *Mellet*, ancien Élève de l'École Polytechnique. 2e édition, revue et corrigée; augmentée d'une Section **sur les Machines locomotives** 1 fort vol. in-4, et atlas de 25 planches; 1838........................ 25 fr.

VIEILLE, Agrégé près la Faculté des Sciences de Paris, Maître des Conférences à l'École Normale. — **Cours complémentaire d'Analyse et de Mécanique rationnelle,** professé à l'École Normale. In-8, avec planches; 1851 .... 7 fr.

VIEILLE. — **Théorie générale des approximations numériques,** à l'usage des Candidats aux Écoles spéciales du Gouvernement. 2e édition, in-8; 1854.... 3 fr. 50

VINCENT. — **Note sur la Résolution des Équations numériques.** In-8; 1834........................ 1 fr.

VINCENT, Professeur au Lycée Saint-Louis, **et BOURDON**, Inspecteur général de l'Université. — **Cours de Géométrie élémentaire,** à l'usage des classes de mathématiques des Colléges, adopté par l'Université. 5e éd., revue et entièrement refondue. In-8; 1844........ 7 fr.

VINCENT, membre de l'Institut, **et SAIGEY.** — **Géométrie élémentaire** refaite d'après les principes du nouveau *Programme* des études. In-12, avec planches; 1856. 3 fr. 50 c.

VIOLEINE (P.-A.), chef de bureau au Ministère des Finances. — **Nouvelles Tables pour les calculs d'Intérêts simples et composés, d'Amortissement, d'Annuités de primes, etc.** In-4; 1854............. 15 fr.

VIOLLET; revu par M. **COMBES,** Membre de l'Institut. — **Fourneaux fumivores.** — **Notice sur les appareils propres à prévenir la formation de la fumée, ou à en opérer la combustion.** In-4, avec planches et Supplément.. 4 fr.

YVON VILLARCEAU, Astronome à l'Observatoire impérial de Paris. — **Sur l'Établissement des Arches de Pont, envisagé au point de vue de la plus grande stabilité, et Tables pour faciliter les applications numériques.** In-4, avec figures dans le texte, et 2 pl.; 1854.. 12 fr.

JOURNAUX SCIENTIFIQUES.

COMPTES RENDUS HEBDOMADAIRES DES SÉANCES DE L'ACADÉMIE DES SCIENCES, publiés conformément à une décision de l'Académie, en date du 13 juillet 1835, par MM. les *Secrétaires perpétuels.*

Les **COMPTES RENDUS** paraissent régulièrement le dimanche par cahier de 24 à 40 pages.

Prix de l'abonnement pour Paris.......... 20 fr.
Pour les Départements...... .... 30 fr.
L'année 1835 se vend séparément. .. .... 10 fr.
Les années 1836 à 1855, chacune composée de 2 volumes...................... 20 fr.

TABLE GÉNÉRALE DES COMPTES RENDUS DES SÉANCES DE L'ACADÉMIE DES SCIENCES : Table des auteurs et Table des matières des Tomes Ier à XXXI (3 août 1835 à 30 décembre 1850). Fort vol. in-4 à 2 colonnes. .... 20 fr.

SUPPLÉMENT AUX COMPTES RENDUS DES SÉANCES DE L'ACADÉMIE DES SCIENCES; contenant : **1° Mémoire sur quelques points de la Physiologie des Algues;** par MM. *Derbès et Solier.* **2° Mémoire sur le Calcul des perturbations qu'éprouvent les Comètes;** par M. *Hansen.* **3° Mémoire sur le Pancréas;** par M. *Claude Bernard.* Tome Ier, in-4 avec planches; 1856...................... 25 fr.

JOURNAL DE MATHÉMATIQUES PURES ET APPLIQUÉES; Recueil mensuel de Mémoires sur les diverses parties des Mathématiques; par J. LIOUVILLE, membre de l'Institut et du Bureau des Longitudes.

Ce Recueil paraît régulièrement le premier de chaque mois, en un cahier de 32 à 48 pages in-4.

Prix de l'abonnement pour Paris (année 1856). 30 fr.
Pour les Départements........................ 35 fr.
Pour l'étranger ... . 40 fr.
La 1re Série, composée de 20 volumes (années 1836 à 1855) .. .. 400 fr.
Chaque volume de cette Série se vend séparément. 25 fr.

NOUVELLES ANNALES DE MATHÉMATIQUES. Journal des Candidats aux Écoles Polytechnique et Normale; rédigé par M. *Terquem*, Officier de l'Université, Docteur ès Sciences, Professeur aux Écoles nationales d'Artillerie; et M. *Gerono*, Professeur de Mathématiques.

Les **Nouvelles Annales de Mathématiques** paraissent *le premier* de chaque mois, par livraison de 3 et 4 feuilles, et forment, par an, un volume in-8 *avec figures*.

Les tomes XIV et XV sont augmentés d'un *Bulletin de Bibliographie, d'Histoire et de Biographie mathématiques.*)

Prix de chaque année (12 numéros) :

Pour Paris	12 fr.
Pour les Départements	14 fr.
Pour l'Etranger	16 fr.

Les tomes VIII à XIII se vendent séparément	8 fr.
Les tomes XIV et XV se vendent séparément	10 fr.
Les tomes VIII à XV, ensemble	60 fr.

En faisant *à la fois* la demande des tomes VIII, IX, X, XI, XII, XIII, XIV, XV, ils seront expédiés *franco*.

ANNALES DE CHIMIE ET DE PHYSIQUE, paraissant le 1er de chaque mois, et formant par an 3 vol. in-8, accompagnés de planches gravées. (*L'Abonnement ne se fait que pour un an.*)

Prix pour Paris	30 fr.
les Départements	34 fr.
l'Étranger, d'après les conventions postales.	

La Collection des **Annales de Chimie et de Physique** est divisée en trois Séries.

1re Série, de 1789 à 1815, 96 vol.	500 fr.
Table générale raisonnée des matières contenues dans cette Série, 3 vol.	24 fr.
2e Série, de 1816 à 1840, 78 vol. et Tables.	350 fr.
3e Série, de 1841 à 1856, 48 vol.	480 fr.

Paris.—Imprimerie de Mallet-Bachelier, rue du Jardinet, 12.

(Juin 1857.)

Paris. — Imprimerie de MALLET-BACHELIER, rue du Jardinet, 12.

www.ingramcontent.com/pod-product-compliance
Ingram Content Group UK Ltd.
Pitfield, Milton Keynes, MK11 3LW, UK
UKHW021001180726
13838UKWH00003B/1416